Anne-Katrin Hebbecker

Pfiffige Offene Ganztagsschulen

Reihe Pädagogik

Band 41

Anne-Katrin Hebbecker

Pfiffige Offene Ganztagsschulen

Anregungen zur Gestaltung von
Projekten und innovativen AGs für
Grundschulen und Kindergärten

Centaurus Verlag & Media UG

Zur Autorin:

Anne-Katrin Hebbecker ist studierte Erziehungswissenschaftlerin und arbeitete jahrelang in einer Offenen Ganztagsgrundschule.

Bibliografische Informationen der Deutschen Nationalbibliothek
Die Deutsche Nationalbibliothek verzeichnet diese Publikation in der Deutschen Nationalbibliografie; detaillierte bibliografische Daten sind im Internet über http://dnb.d-nb.de abrufbar.

Gedruckt auf säurefreiem und chlorfrei gebleichtem Papier.

ISBN 978-3-86226-121-5   ISBN 978-3-86226-899-3 (eBook)
DOI 10.1007/978-3-86226-899-3
ISSN 0930-9462

© *CENTAURUS Verlag & Media KG 2012*

Umschlaggestaltung: Jasmin Morgenthaler, Visuelle Kommunikation
Umschlagabbildung: Foto der Autorin
Satz: Vorlage der Autorin

Dieses Buch widme ich meinem geliebten Schatz Sebastian Klein, meinen Eltern Manuela und Hubert Hebbecker und Herrn Dr. Rübben.

Inhaltsverzeichnis

1. Vorwort

Dieses Buch beruht auf meiner vierjährigen Berufserfahrung im Rahmen der offenen Ganztagsgrundschule. Ich bin Erziehungswissenschaftlerin und möchte auf diesem Wege all mein Wissen, meine gewonnen Eindrücke, Imaginationen, Gefühle, all das weitergeben, was mich jetzt und in den vergangenen vier Jahren bewegt und bewegt hat. Dieses Buch richtet sich also an alle diejenigen Personen, die im Bereich der offenen Ganztagsgrundschule tätig sind, seien es Erzieher, Sozial-Pädagogen, Pädagogen, Lehrer oder ehrenamtlich tätige Personen. Es eignet sich ebenfalls für Kindertageseinrichtungen, Kinderhorte, sowie Grundschulen. Ich muss Sie im vornherein ausdrücklich warnen, dieses Buch nur wirklich dann zu lesen, wenn Sie bereit sind für Veränderungen, für Abwechslung und die Bereitschaft, sich auf neue, aufregende Projekte einzulassen. Meine geschriebenen Zeilen sollen nicht einfach nur gelesen werden, sondern ich möchte Sie dazu anleiten, sie in sich aufzunehmen, sie zu leben und vollen Engagements in Ihrer Gruppe umzusetzen. Anderenfalls legen Sie dieses Buch besser beiseite und verbleiben in Ihrem ursprünglichen Alltags-Trott, alles bleibt beim Alten, es wird sich nichts ändern und die Berufsblindheit wird mehr und mehr fortschreiten.

Laut Schulministerium NRW soll die offene Ganztagsgrundschule durch die Zusammenarbeit von Schule, Kinder- und Jugendhilfe, gemeinwohlorientierten Institutionen und Organisationen aus Kultur und Sport sowie weiteren außerschulischen Partnern eine Lernkultur entwickeln, die die Schülerinnen und Schüler in ihren Begabungen und Fähigkeiten unterstützt, fördert und fordert. Sie soll zudem mehr Zeit für Bildung und Erziehung, einen besseren Rhythmisierung des Schulalltages sowie umfassende Angebote zur individuellen Förderung, zur musisch-künstlerischen Bildung, zu Bewegung, Spiel und Sport und zur sozialen Bildung bieten. Daneben soll Sie für ein umfassendes Bildungs- und Erziehungsangebot sorgen, das sich an dem jeweiligen Bedarf der Kinder und der Eltern orientiert und für eine Stärkung der Erziehungskompetenz der Familie.[1]

Grundsätze und Ziele der offenen Ganztagsgrundschule wären damit formuliert, jedoch müssen sie in der Praxis auch mit Inhalt gefüllt und realisiert werden. Erfahrungsgemäß weiß ich, dass dies im Alltag nicht immer ganz einfach zu bewältigen ist, da viele Kinder aus sozial schwierigen familiären

---

[1] Vgl. Schulministerium NRW 2009, S. 1.

Verhältnissen stammen, und die nicht nur allein deswegen schon stigmatisiert werden, sondern zudem auch aufgrund zugeschriebenen Erkrankungen wie z. B. ADHS. Zwischen aufgeweckten, etwas überdrehten, unter Umständen unterforderten Kindern und denen mit einer tatsächlichen Beeinträchtigung durch die Aufmerksamkeitsdefizit-/Hyperaktivitätsstörung wird nämlich oft kein Unterschied gemacht. Dagegen wendet sich auch der Pädagoge Gerhard Spitzer, nachdem Menschen einfach unheimlich gerne in Schubladen denken, so nach dem Motto heute ist es ADHS, früher war jedes dritte Kind in der Schule angeblich Legastheniker.[2]

Wichtig ist einfach, jedes Kind so zu akzeptieren wie es ist, mit all seinen Schwächen und Macken. Viele von Ihnen schmunzeln jetzt bestimmt, da wahrscheinlich jeder so sein in Anführungsstrichen Lieblingskind hat, welches ihn zur Weißglut treiben könnte, aber ich muss ausdrücklich darauf hinweisen, dass jedes Kind, ganz egal wie verzogen, eines Tages auch Ihnen seine Schokoladenseite zeigen wird, denn die hat jedes Kind. Kinder sind einfach etwas Wunderbares, man muss sich dies zutiefst verinnerlichen, auch wenn der ein oder andere Tag mal wieder chaotisch sein Ende nahm und Sie sich dachten das Burn-Out-Syndrom stehe kurz bevor. Auch die Arbeit mit den Eltern mag für den ein oder anderen von Ihnen nervenaufreibend sein, aber Sie können etwas dagegen tun, indem Sie mit ganz viel Herz bei der Arbeit sind und vielleicht meine Anregungen berücksichtigen. Ziel ist es, Sie, die Kinder und die Eltern rundum zufrieden zu machen.

Also warten Sie jetzt nicht mehr lang und begeben sich auf eine anregende Reise durch Projekte, AGs und vieles weitere Wissenswerte, wovon das ein oder andere in Ihrer OGS hoffentlich mit ganz viel Liebe, Engagement und Freude umgesetzt werden wird und Ihnen, den Eltern und den Kindern Ihren OGS-Alltag ein wenig versüßt.

---

[2] Vgl. Spitzer, Gerhard 2010.

2. AGs

Neben alltäglichen Routinen, wie beispielsweise dem Mittagessen, dem Freispiel der Kinder und der Hausaufgabenbetreuung, sollten AGs in jeder pädagogischen Einrichtung eine wesentliche Rolle spielen. Man darf niemals vergessen, dass die Kinder je nach Altersklasse einen vier- bis sechs-Stundentag in der Schule hinter sich haben und anschließend nicht nach Hause gehen können, sondern in die OGS müssen. Viele Kinder fühlen sich dadurch von den Eltern abgeschoben und brauchen gerade am Anfang sehr viel Zeit, sich auf die ungewohnte, neue Situation einzulassen. Mittags findet dann das Mittagessen statt und es folgen die Hausaufgaben. Während die Kinder zuhause nun vergnügt ihren Interessen und Vorlieben nachgehen können, sind Kinder in einer OGS auf das Personal angewiesen, ihre freie Zeit neben dem Freispiel kindgerecht und pädagogisch sinnvoll zu füllen, so dass an dieser Stelle AGs und Projekte einen zentralen Stellenwert im Alltag einer OGS einnehmen sollten. Die Kinder müssen sich auf etwas freuen können, sie sollten gerne in die OGS kommen und zuhause freudig über den erlebten Tag berichten und nicht daher nölen, wie langweilig es einmal wieder gewesen sei. Sie sollten also sehr viel Herzblut in die Gestaltung ihres Freizeitprogramms legen und mit voller Lust und Freude agieren.

Auch an dieser Stelle muss ich Sie noch einmal ausdrücklich darauf hinweisen, meine Anregungen unter keinen Umständen als Zwang oder Auflast zu verstehen. Ich meine damit, dass wenn Sie beispielsweise absolut kein musikalischer Mensch sind, es logischerweise auch recht wenig Sinn macht, wenn Sie eine Musik-AG aufstellen würden. Das höchste Gebot für AGs und Projekte ist im Vornherein, dass die Person, die diese umsetzen wird, auch ernsthaftes Interesse an dem Themengebiet zeigt. Authentizität ist an diesem Punkt überaus wichtig, anderenfalls würden die Kinder sofort spüren, dass Sie die AG nicht aus dem Herzen heraus leiten, und dies wiederum hätte zur Folge, dass Sie die Kinder niemals für Ihr Tun und Vorhaben begeistern könnten. Letztendlich wäre die Musik-AG ein Dilemma und die Kinder hätte auf dem Gebiet Musik erstmals schlechte Erfahrungen gesammelt und das wollen wir schließlich vermeiden. Die Kinder müssen in den Bann gezogen werden, die Teilnahme an einer AG soll nicht als quälende Verpflichtung empfunden werden, die einmal pro Woche stattfindet, sondern das intrinsische Interesse der Kinder muss geweckt werden. Denken Sie deshalb gemeinsam im Team darüber nach, was ihre Stärken und Schwächen sind und teilen sich entsprechend ihrer Begeisterung für die von mir vorgeschlagenen verschiedenen AGs ein. Nun aber viel Spaß beim stöbern.

2.1. Theater-AG

Eine Theater-AG ist eine ganz tolle Sache und das Schöne daran ist, man kann aus ihr ein wunderschönes Projekt mit der gesamten Gruppe machen. Alle Kinder und Mitarbeiter können an einer Theater-AG beteiligt werden, da es auf der einen Seite den Part der Akteure gibt und auf der anderen den Part der Kreativen, die für das Bühnenbild und die Requisiten verantwortlich sind. Geht man das Ganze gewissenhaft und kompetent an, so kann sich eine Theater-AG über einen Zeitraum von mehreren Monaten hinweg ziehen und zum Abschluss ihren Höhepunkt vor Publikum finden. So könnte man beispielsweise die Eltern zur Aufführung des Theaterstückes einladen oder das Ganze im Rahmen eines Tages der offenen Tür vorführen, aber natürlich auch den Kindern der Grundschule. Ich möchte ihnen als Anregung einige nützliche Ratschläge und Tipps am Beispiel des Theaterstückes „Schneewittchen und die sieben Zwerge" geben.

2.1.1. Schritt 1 – Grundsätzlich erste Aufgaben und Fragestellungen

Zunächst einmal sollten Sie das Theaterprojekt kurz vor der gesamten Gruppe vorstellen. Wichtige Themeninhalte wären diesbezüglich 1. Der Zeitpunkt der Durchführung des Projektes (z. B. immer montags von 15.00 bis 16.00 Uhr), 2. Die insgesamt geplante Dauer des Projektes (z. B. 4-6 Monate), 3. Die Bereiche, in denen am Projekt teilgenommen werden kann (1. Als Akteur im Theaterstück, 2. Als Gestalter des Bühnenbildes und der Requisiten) und 4. Das Ziel des Projektes (z. B. die Aufführung vor den Eltern oder der gesamten Schule).

Anschließend sollten die Anzahl und Namen der interessierten Kinder für den Bereich „das Theaterstück" und den Bereich „Bühnenbild und Requisiten" erfasst und mit den regulären Abholzeiten, dem Besuch von Vereinen, Ergotherapie etc. verglichen werden. Gegebenenfalls sollten Sie Rücksprache mit den Eltern über alternative Regelungen halten. Damit die Kinder während der Proben auch wirklich immer anwesend sind, sollten Sie vorab auf alle Fälle einen Elternbrief herausgeben, denn wenn die Hälfte der Kinder bei den Proben fehlt, macht das ganze keinen Sinn bzw. wird unnötig erschwert. Danach sollten Sie sich im Team zusammen setzen, um den Vergleich und die Abstimmung der interessierten Kinder für den Bereich Akteure mit den erforderlichen Rollen vorzunehmen. Geht dieses in irgendeiner Form nicht auf, so sollten Sie einige Kinder dazu ermutigen, in die Gestaltungsgruppe überzugehen oder alternative Rollen einbauen. Zudem sollten Sie sich Gedanken über einen geeigneten Proberaum machen und ein von der Länge des Textes angemessenes Drehbuch organisieren. Das Drehbuch zum Theaterstück „Schneewittchen und die sieben Zwerge" stelle ich ihnen hier schon einmal bereit.

Das Theaterstück „Schneewittchen und die sieben Zwerge"

Spiel in 5 Szenen

Personen:

Königin, König, Hofdame, Spiegel, Hans (Jäger), Schneewittchen, Prinz, 1. Zwerg, 2. Zwerg, 3. Zwerg, 4. Zwerg, 5. Zwerg, 6. Zwerg, 7. Zwerg

Szene 1: Das Zimmer der Königin
(An der Wand links ein großer Spiegel, Königin und Hofdame treten ein)

Königin: Bring mir den Spiegel.
Hofdame: Jawohl Frau Königin. Da ist er schon. (nimmt den Schleier vom Spiegel)
Königin: Es ist schon lange her, seit ich ihn über meine Schönheit gefragt habe. Ich will noch einmal hören wie schön ich bin. (tritt vor den Spiegel und schaut sich an)
Hofdame: Ach, Frau Königin, das wissen doch alle, dass Sie die Schönste sind. Das sagt auch der Spiegel.
Königin: Spiegelein, Spiegelein an der Wand, wer ist die Schönste im Ganzen Land?
Spiegel: Frau Königin, Ihr wart die Schönste hier, aber Schneewittchen ist tausendmal schöner als Ihr.
Königin: (fahrt auf) Was hör ich? Schneewittchen schöner?
Hofdame: (zitternd) Frau Königin, das ist nicht wahr. Sie sind die Schönste.
Königin: Sei still! Du weißt, dass der Spiegel nicht lügt. Oder ist das ein falscher Spiegel?

Hofdame: Ach nein, Frau Königin, es ist der richtige Spiegel.

Königin: Dann ist es wahr, Schneewittchen ist schöner als ich.

Hofdame: Ja, sie ist sehr schön.

Königin: Hm. (nachdenklich. Geht unruhig auf und ab und besieht sich im Spiegel) Hole den Jäger Hans sofort. (Hofdame geht hinaus. Die Königin setzt sich, nimmt den Kopf in die Hände und überlegt.)

Hans: (tritt ein) Möchten Sie etwas, Frau Königin?

Königin: (hebt den Kopf) Komm her, Hans! (Hans kommt) (zur Hofdame) Geh hinaus und warte bis ich dich rufe. (Zu Hans) Bist du mein guter Diener Hans?

Hans: Ja, der bin ich.

Königin: Dann höre gut zu: Du sollst das Schneewittchen töten.

Hans: (erschrocken) Wie? – Was? – Das Schneewittchen?

Königin: Keine Fragen! Nimm sie in den Wald und töte sie!

Hans: (traurig) Schon recht, Frau Königin, wenn Sie das wollen. (wendet sich zum gehen.)

Königin: Halt! Du bringst mir Schneewittchens Herz zurück, damit ich weiß, dass sie tot ist.

Hans: (schaudert) Ich gehe, Frau Königin. (geht mit gesenktem Kopf ab)

Königin: So, bald wird mir der Spiegel wieder das Richtige sagen.

Szene 2:

Im Wald (Schneewittchen und Hans kommen herein)

Schneewittchen: Ei, Hans, was für ein schöner Spielplatz. Willst du spielen?

Hans: Nein, ich möchte nicht spielen.

Schneewittchen: Was fehlt dir denn?

Hans: Komm, setz dich und ruhe dich aus. (Beide setzen sich. Hans zieht das Jagdmesser heraus.)

Schneewittchen: Hans, was hast du für ein schönes Messer, was willst du damit? (sie will ihm das Messer aus der Hand nehmen)

Hans: (Zu sich selbst.) Nein, ich kann es einfach nicht! (zu Schneewittchen) Deine Stiefmutter hat mir gesagt: Ich soll dich töten! (Schneewittchen schreit auf)

Schneewittchen: Auch, was sagst du da, Hans!

14

Hans: Ich will es nicht tun, schnell lauf fort. Hier nimm ein Brötchen mit. (gibt ihr ein Brötchen) (Schneewittchen geht fort.) Oh, dort ist ein Reh, ich töte es und bringe der Königin sein Herz.

Szene 3:

In der Zwergenhütte (Abend. Schneewittchen schläft neben dem Feuer. Die sieben Zwerge kommen herein. Jeder hat eine Laterne in der Hand.)

1. Zwerg: (als sie alle in der Mitte stehen) Was ist hier los?

2. Zwerg: (geht an den Tisch) Wer ist auf meinem Stuhl gesessen?

3. Zwerg: (geht auch an den Tisch) Wer hat von meinem Teller gegessen?

4. Zwerg: (geht auch an den Tisch) Wer hat von meinem Brot genommen?

5. Zwerg: Wer hat von meinem Gemüse gegessen?

6. Zwerg: Wer hat meine Milch getrunken?

(Eine Weile Stille. Alle sehen sich verwundert an.)

7. Zwerg: (sieht Schneewittchen schlafen) Kommt alle her. (Alle kommen und leuchten Schneewittchen mit den Laternen ins Gesicht.)

5. Zwerg: Ei, wie schön. Wacht sie nicht auf. (hält den Finger an den Mund)

2. Zwerg: Sie soll bei uns bleiben.

(Sie wollen sich zum schlafen legen. Schneewittchen wacht auf, sieht sich um und sieht die Zwerge.)

Schneewittchen: Ach, wo bin ich? – Wer seid ihr?

3. Zwerg: Wir sind die sieben Zwerge.

4. Zwerg: Wir sind deine Freunde.

5. Zwerg: Wer bist du?

Schneewittchen: Ich bin Schneewittchen

6. Zwerg: Wie bist du hierher gekommen?

Schneewittchen: Meine böse Stiefmutter wollte mich töten lassen, da bin ich fortgelaufen. Nun, bin ich hier.

7. Zwerg: Gut, bleibst du hier?

Schneewittchen: Ja, gerne. Ich will euch kochen, waschen und nähen.

Alle Zwerge: Komm, wir zeigen dir unser Haus.

Szene 4:

Das Zimmer der Königin (Die Königin ist im Zimmer. Sie klatscht in die Hände.)

Hofdame: (kommt herein) Was wollen Sie, Frau Königin?
Königin: Bringe mir meinen Spiegel!
Hofdame: Sofort! (nimmt den Schleier vom Spiegel ab)
Königin: Lass mich jetzt allein. Ich rufe dich, wenn ich dich brauche. (Hofdame verbeugt sich und geht. Königin geht vor den Spiegel.) Spiegelein, Spiegelein an der Wand, wer ist die Schönste im Ganzen Land?
Spiegel: Frau Königin, Ihr seid die Schönste hier, aber Schneewittchen hinter den Bergen, bei den sieben Zwergen ist noch tausendmal schöner als ihr!
Königin: Was! – Immer noch! Nun will ich sie aber töten! (Sie sitzt auf einem Stuhl und klatscht in die Hände.)
Hofdame: (tritt ein) Ja, Frau Königin?
Königin: Ich muss fortgehen, aber du darfst es niemanden sagen. Du sagst, dass ich krank bin.
Hofdame: Ja, ich verstehe, Frau Königin.
Königin: Geh und hole mir alte Kleider, einen Schal und einen Korb.
Hofdame: Jawohl, Frau Königin, ich gehe sofort. (geht ab)
Königin: Nun will ich Schneewittchen töten.

Szene 5:

In der Zwergenhütte (Schneewittchen sitzt am Tisch und näht. Die Zwerge kommen herein.)

2. Zwerg: Auf Wiedersehen, Schneewittchen. Aber pass heute gut auf.
6. Zwerg: Ja, du darfst niemanden hereinlassen.
Schneewittchen: Nein, nein, habt keine Angst. Auf Wiedersehen alle.
Alle Zwerge: Auf Wiedersehen. (alle gehen ab) (Schneewittchen näht eine Weile)
Königin: (hinter der Bühne) Schöne Äpfel, schöne Äpfel! (kommt an die Tür) Guten Tag, willst du Äpfel kaufen? (Sie will hereinkommen)
Schneewittchen: (steht auf und schiebt sie zurück) Nein, nein niemand darf hereinkommen.
Königin: (zeigt ihr einen Apfel) Hier, nimm diesen roten Apfel.
Schneewittchen: Nein, ich darf nicht.

16

Königin: (hält ihr den Apfel hin) Er ist sehr gut und süß.

Schneewittchen: Ei, wie schön sieht er aus. (nimmt den Apfel und beißt hinein) Aber, – aber, – wie ist mir – ich fühle mich so — (sinkt auf den Boden)

Königin: (laut lachend) Nun ist sie endlich tot. (geht ab)

Szene 6:

In der Zwergenhütte – später (Es ist Abend. Schneewittchen liegt am Boden. Die Zwerge kommen herein.)

3. Zwerg: Kein Licht am Fenster.

4. Zwerg: Kein Schneewittchen.

1. Zwerg: (beleuchtet Schneewittchen am Boden) Schaut her.

7. Zwerg: Schneewittchen ist tot. (Die Zwerge legen ein Kissen unter ihren Kopf.)

Alle Zwerge: Armes Schneewittchen. (Sie stehen herum und weinen.) (Man hört ein Jagdhorn, dann singen: Mit dem Pfeil, dem Bogen. Der König tritt ein, dann der Prinz und der Jäger Hans.)

König: Was ist denn hier los?

Hans: Ach, es ist Schneewittchen. Wer hat sie begiftet?

5. Zwerg: Das hat sicher die böse Stiefmutter getan.

König: Was sagst du da? Woher weißt du das?

5. Zwerg: Die Stiefmutter war neidisch und hat sie verstoßen. Da kam sie zu uns und ist bei uns geblieben.

Prinz: (tritt vor und schaut Schneewittchen an) Oh, wie schön!

(Alle Zwerge heben Schneewittchen hoch, dabei stolpert einer und Schneewittchen erwacht.)

König: Sie macht die Augen auf. Sie ist nicht tot.

Schneewittchen: (setzt sich verschlafen hoch) Aber … was ist mir geschehen? Die Krämerin … der Apfel … (sie steht auf)

König: (zeigt auf den Prinzen) Hier ist ein junger Prinz für dich, Schneewittchen.

Prinz: (nimmt sie bei der Hand) Komm mit in mein Reich.

Schneewittchen: (zeigt auf alle Zwerge) Und alle Zwerge kommen auch mit uns.

(Alle fassen sich bei den Händen und tanzen im Kreis und rufen.) Juch-he, juch-ha, Schneewittchen ist wieder da. Juch-he, juch-ha.

2.1.2. Schritt 2 – Das Bühnenbild und die erforderlichen Requisiten für das Theaterstück

a) Das Bühnenbild

Insgesamt gibt es drei Bühnenbilder zu gestalten:

- das Zimmer der Königin
- der Wald
- die Zwergenhütte

Für das Zimmer der Königin benötigen wir ein großes Bettlaken oder etwas Vergleichbares für den Hintergrund. Geeignet wäre ein unifarbener Ton z. B. rosa.

Zudem werden ein großer Spiegel, ein großes Seidentuch, ein Sessel und kleinere Dekorationsgegenstände wie z. B. Blumen in einer Vase, eine Tischdecke etc. gebraucht. Für den Wald ist ein großes weißes Bettlaken erforderlich, auf welchem der Wald dargestellt und von den Kindern bemalt werden soll. Bäume und Büsche können aus Pappkarton hergestellt und mit Kügelchen aus grünem Krepppapier versehen werden, Freiräume können am Ende mit grüner Farbe ausgefüllt werden.

Für die Zwergenhütte brauchen wir auch ein weißes Bettlaken, auf welchem später ein Kamin und z. B. ein Regal zu sehen sein soll. Des Weiteren werden sieben Teller, sieben Gabeln, sieben Gläser, sieben Stühle, sieben Messer, ein Tisch, ein Stuhl, ein Fell, Nähmaterialien, ein Stück Brot, Gemüse und eine Tüte Milch benötigt. Auf jedem Teller sollte etwas Essbares liegen, was man, falls vorhanden, auch einem Kinder-Kaufladen entnehmen könnte. Ansonsten eignen sich auch hier sämtliche Dekorationsgegenstände, wie z.B. Geschirr etc.

b) Die Requisiten für das Theaterspiel

Benötigt werden in diesem Fall sieben Laternen, die von den Kindern selber gebastelt werden können, z. B. aus Karton- und Transparentpapier und Stöcken als Griffe. Des Weiteren brauchen wir ein Jagdhorn, Pfeil und Bogen, Nähzeug und Tuch, einen Korb mit Äpfeln, ein Brötchen und einen Krückstock. Zudem müssen sieben Kostüme für die sieben Zwerge angefertigt werden, beispielsweise sieben rote Zipfelmützen aus Filz, sieben Umhänge aus grünem Samtstoff, sowie sieben schwarze Leggins und Gummistiefel. Schneewittchen sollte ein langes weißes Kleid und schicke Schuhe anziehen. Die Königin trägt ein langes, schickes Kleid, eine Krone und für den Part den Krämerin ein Kopftuch und einen alten Umhang. Der König trägt eine Krone und einen roten Umhang, Jäger Hans einen Hut und evtl. eine grüne Parkerjacke, der Prinz eine schicke Hose, schickes Hemd und Lackschuhe und die Hofdame ein nicht zu schickes Kleid, damit die Abgrenzung zur Königin gegeben ist. Der Spiegel darf anziehen, was er möchte, da er nur zum Schluss beim Verbeugen auf der Bühne zu sehen sein wird.

2.1.3. Schritt 3 – Die Durchführung

Während der Theaterproben sollten grundsätzliche Regeln gelten, die zwar auch im Alltag der OGS festgelegt sind, dennoch im Rahmen des Projektes gezielt betont werden sollten. Die Regeln werden gemeinsam auf einem Plakat niedergeschrieben und im Proberaum aufgehängt:

1. Wir wollen eine schöne Zeit miteinander verbringen.
2. Wir sind eine gemeinsame Gruppe mit einem gemeinsamen Ziel.
3. Keiner wird von der Gruppe ausgeschlossen oder benachteiligt.
4. Streitereien oder Konflikte aus z. B. dem Unterricht werden vor den Theaterproben angesprochen und bestenfalls gelöst.
5. Niemand wird geschlagen, beschimpft oder ausgelacht.

Um die Kinder an das Thema Theater heranzuführen, eignet sich zur Einführung ein Stuhlkreis, in dem ein Erzählstein oder etwas Vergleichbares herumgegeben wird. Ziel ist es, dass alle Kinder von ihren bisherigen Erfahrungen mit dem Thema „Theater" berichten und Kinder die bisher noch keine Erfahrungen damit gemacht haben, mal versuchen, sich vorzustellen, was man unter „Theater spielen" versteht. Anschließend werden Wünsche für das Theaterprojekt formuliert, die ebenfalls in Form eines Plakates festgehalten werden. Abschließend wird ein Spiel gespielt, z. B. Gemeinschaft auf engstem Raum. Bei diesem Spiel soll der Raum, auf dem sich die Gruppe bewegt, stetig verkleinert werden, bis nur noch die Größe einer aufgefalteten Zeitung den Raum vorgibt, auf dem sich alle Gruppenmitglieder befinden müssen. Nach jeder Probe sollten darüber hinaus die letzten Minuten dafür genutzt werden, dem gerade Erlebten Ausdruck zu verleihen.

In einer ersten Einführung in das Märchen „Schneewittchen und die sieben Zwerge" sollen die Kinder es sich gemütlich machen und Sie lesen das Märchen zunächst einmal vor. Danach kommt es zur Rollenverteilung, welche am besten Sie übernehmen, damit entsprechend der Ausgangslage des Kindes gezielt gefördert werden kann, jedoch keine Überforderung stattfindet. 14 Rollen sind zu vergeben und zwar: die sieben Zwerge, das Schneewittchen, der König, die Königin, die Hofdame, der Jäger Hans, der Prinz und der Spiegel. Jedes Kind erhält den gesamten Sprechtext mit seinem Namen und seiner Rolle niedergeschrieben. In einem zweiten Durchgang sollten Sie den zu lernenden Sprechtext einmal vorlesen und dann Satz für Satz mit den Kindern durchgehen, damit sie sich ihren Part jeweils farbig markieren können. Kinder, die noch nicht lesen können, müssen selbstverständlich auf andere Art und Weise an ihren Text herangeführt werden.

Entsprechend der verschiedenen Szenen werden die Kinder aufgeteilt und lernen erst einmal in so genannten Lernteams ihren Text auswendig. Dabei sollen sie sich gegenseitig helfen und unterstützen. Sie sollten sich in diesem Zeitraum immer einem Lernteam widmen, während die anderen Lernteams eigenständig an ihrer Aufgabe arbeiten. In dieser Phase soll also der Text der jeweiligen Szene in der richtigen Reihenfolge, in Abstimmung untereinander gelernt werden.

Nachdem die Texte nun einigermaßen auswendig gelernt worden sind, geht es nun darum die einzelnen Szenen zu bearbeiten. Vorrangig ist hier zunächst die Auseinandersetzung mit der zu spielenden Rolle. Erarbeitet werden sollen hier Charakterzüge, Eigenschaften und damit einhergehende Merkmale von Gestik, Mimik und Körperhaltung der darzustellenden Figur. Im nächsten Part nähert man sich der Sprache bezüglich Lautstärke, Sprechgeschwindigkeit, Betonung. Nach dieser Phase sollten die einzelnen Szenen gespielt werden können, so dass anschließend die einzelnen Szenen zu einem Ganzen integriert werden können. Da diese Phase den Kindern ein hohes Maß an Disziplin, Konzentration und Durchhaltevermögen abverlangt, sollte an dieser Stelle verstärkt mit Entspannungsübungen gearbeitet werden, die vor den Proben durchgeführt werden sollten.

Vor dem Auftritt sollte auf jeden Fall eine Generalprobe stattfinden. Als Publikum sollten die OGS-Mitarbeiter und die Kinder der Künstlergruppe, also die restlichen OGS-Kinder, vertreten sein. Das Bühnenbild sollte nach Möglichkeit Tage zuvor aufgebaut werden, damit alles möglichst schon der realen Situation des anstehenden Auftritts gleicht. Auch die Kostüme sollten bei der Generalprobe bereits angezogen werden. In erster Linie geht jetzt darum, die Kinder in ihrem Tun zu bestärken, sie zu motivieren, ihnen Ängste und Lampenfieber zu nehmen, um sie auf ihren großen Tag vorzubereiten. Ganz wichtig ist im Anschluss eine letzte intensive Reflexion und gleichzeitig geistige und seelische Vorbereitung und Auseinandersetzung mit dem folgenden Tag.

Abschließend möchte ich Sie noch ausdrücklich auf die pädagogischen Hintergründe eines Theaterstückes hinweisen. Spaß und Freude am Spiel ist die eine Sache, aber ein derartiges Projekt stärkt vor allem auch die Gruppenköhäsion, fördert persönlichkeitsbildende und entfaltende Elemente, wie z.B. die Phantasie, Imagination, Vorstellungskraft, Wahrnehmungs- und Beobachtungsfähigkeit, Entspannungstechniken, Mitgefühl und Einfühlungsvermögen, sowie Elemente des mündlichen Sprachgebrauchs und der Bewegung.

Ich hoffe, ich habe Sie nun dazu animiert, auch in Ihrer pädagogischen Einrichtung ein Theater-Projekt zu initiieren. Halten Sie sich an meine vorgegebenen Schritte und Ihr Projekt kann einfach nur ein voller Erfolg werden. Die Kinder und Eltern werden es Ihnen danken, glauben Sie mir.

Als weiterer Anreiz hier nun der Songtext zum Lied „Schneewittchen und die sieben Zwerge" von Rudolf Zuckowski. Das Lied könnten die Zwerge während des Theaterstückes singen, als sie von der Arbeit nach Hause kommen.

Schneewittchen und die sieben Zwerge,
sind längst schon über alle Berge.
Warum sind sie wohl geflüchtet?
Sie haben uns gesichtet.
Schneewittchen und die sieben Zwerge,
Sind längst schon über alle Berge.
„Warum?" werdet ihr euch fragen.
Sie konnten' s nicht ertragen.

Sie haben sich die Sache ziemlich lange angeschaut,
Dann riefen sie: „Es reicht! Wer hat unsern Wald versaut?"

Schneewittchen und die sieben Zwerge …

Sie kochten sich ihr Süppchen, es hat immer gut geschmeckt,
Dann riefen sie: „Igitt! Wer hat unsern Bach verdreckt?"

Schneewittchen und die sieben Zwerge …

Wie liebten ihre Nasen den frischen Waldesduft,

Dann riefen sie: „Es stinkt! Wer verpestet unsre Luft?"

Schneewittchen und die sieben Zwerge …

Sie gingen gern spazieren, bis sie es plötzlich sahn.
Da packte sie die Wut: „Wir brauchen keine Autobahn!"

Schneewittchen und sie sieben Zwerge …

Es hängt ein kleiner Zettel an der Zwergentür:
„Wir kommen gerne wieder, macht es erst mal sauber hier!"

Schneewittchen und die sieben Zwerge …[3]

Nach einem derartigen Projekt, das sich über einen Zeitraum von mehreren Monaten hinweg vollzieht, ist es am Ende äußerst wichtig, sich auch die Rückmeldung der Kinder einzuholen. Hierzu eignet sich beispielsweise ein Reflexionsbogen, den Sie ganz einfach selber erstellen können. Sie legen einige Kriterien fest, wie z. B. Strenge bei den Proben, Spaßfaktor, Anstrengung, Wiederholung eines Theaterprojektes etc. und lassen sie von den Kindern mit lachenden, neutralen oder traurigen Smileys versehen.

Abschließend noch ein paar Vorschläge für weitere Theaterstücke: Dornröschen, Aschenputtel, Frau Holle, der gestiefelte Kater, Rotkäppchen, Ronja Räubertochter, Pippi Langstrumpf, der satanarchäolügenialkohöllische Wunschpunsch, Momo, Michel aus Lönneberga und viele weitere, lassen Sie ihrer Phantasie freien Lauf.

---

[3]   Vgl. Zuckowski, Rudolf 1996.

2.2. Sketche-AG

Sketche sind ganz große Klasse und eignen sich super, um eine AG damit auf die Beine zu stellen. Sie bringen Groß und Klein zum lachen und können ihren Höhepunkt ebenfalls in einer Vorführung finden. Hier nun zur Anregung ein paar Sketche.

Gewichte heben

Gewichte (Kartons) liegen auf der Bühne. Weltrekord im Gewichtheben wird angekündigt. Der Meister laboriert umständlich mit den Gewichten, schafft sie im dritten Versuch. Großer Applaus. Sodann erscheint sein (sehr kleiner) Assistent und klemmt sich mühelos die „Gewichte" unter den Arm.

Ein-Mann-Sketch

Der Ein-Mann-Sketch ist fast wie eine kleine Show und muss vom Akteur ordentlich geprobt werden. Er lässt vom Publikum einen von sechs Umschlägen ziehen und den Inhalt vorlesen, z. B. „Rotkäppchen". (Natürlich stand in allen Umschlägen, das gleiche vorbereitete Spiel.) Nun spielt unser Mann „Rotkäppchen", wobei er alle Rollen alleine verkörpert. Schnelles Wechseln der Stimme und der Stellung gehört natürlich dazu, um Mutter, Rotkäppchen, den Wolf und den Jäger und Oma zu spielen. Vor allem muss es im Höchsttempo über die Bühne gehen – die Zuschauer werden aus dem Lachen kaum herauskommen. Als Inhalte eignen sich fast alle Märchen, aber auch Bühnenstücke.

Die Lügenmumie

Der Sohn oder die Tochter kommen nach Hause. Die Mutter befragt ihn nach dem Ergebnis der Mathe-Arbeit. Nach langem Hin und Her kommt immer noch keine Note heraus. Da lässt die Mutter die Lügenmumie hereinführen. Sie wackelt so lange, bis der Sohn die „5" zugibt. Alsbald kommt der Vater hinzu, der wegen der 5 ein großes Lamento macht. Schließlich stellt er fest: „Ich habe früher in Mathe niemals eine Arbeit schlechter als zwei geschrieben" – Signal für die Mumie umzukippen.

Der Hundebiss

Laut wehklagend erscheint ein Patient: Ein sooo großer Hund habe ihn ins Bein gebissen und sooo furchtbar weh tue das. Die Assistentin versucht vergeblich die Personalien aufzunehmen. Schließlich kommt der Arzt hinzu, versucht den wehklagenden Patienten zu beruhigen. Der schreit umso lauter, je mehr Verbände ihm abgewickelt werden. Schließlich ist das Bein zu sehen – aber kein Hundebiss. Patient: „Dddann muss er wohl dddaneben gebissen haben!"

Mit vielen gesunden Vitaminen

3 Personen: Ehemann, Ehefrau, Sprecherin

Szene: Tierfutter ist offenbar eine Delikatesse. Das wird einem in der Werbung immer wieder eingetrichtert. Warum also soll eine liebende Frau ihrem gestressten Mann nicht …

Ehemann: (kommt von der Arbeit nach Hause) Guten Abend – ach, war das wieder streng im Büro! – Was hast du feines gekocht?

Ehefrau: Etwas ganz besonderes, etwas Neues, wart einen Augenblick, ich bin gleich fertig. (Sie bringt eine Büchse Hundefutter) So, das ist es. (Der Mann stürzt sich darauf). Sei doch nicht so wild. Nicht wahr, es ist gut, das neue Chappi.

Ehemann: Mmmmhhhh!!!

Sprecherin: Chappi, die gesunde Hauptmahlzeit für ihren Liebling. Mit vielen gesunden Vitaminen, im Nu zubereitet! Chappi, große, saftige Brocken. Leber, Hirn, Lunge. In Chappi ist alles drin, was ihr Liebling braucht. Chappi, Tag für Tag Gesundheit. Für Chappi hören Männer sogar mit dem Zeitunglesen auf. Oder kennen Sie einen Mann, der Chappi widerstehen könnte? Chappi, alles was ihr man liebt und braucht.

Ehefrau: Ich achte immer auf die richtige Ernährung. Darum gebe ich meinem Romeo die saftigen Stücke von Chappi. Jetzt Aktion.

Sprecherin: Männer würden Chappi kaufen!

Ehefrau: (streicht ihrem Mann über die Haare) Und was du für ein weiches Fell hast, Romeo!

Ehemann: Wau!

Ende

Das Eis

Personen: Mutter, Sohn

Spielanleitung: Auf der Bühne stehen ein Tisch und zwei Stühle, die ein Zimmer andeuten. Die Mutter sitzt am Tisch und blättert in einer Illustrierten.

Sohn: (kommt auf die Bühne, ein Eis leckend) Hallo, Mama, da bin ich wieder.

Mutter: (Schaut auf) Ja, aber (erstaunt) Woher hast du denn das Eis?

Sohn: Das habe ich mir gekauft.

Mutter: Aber du hattest doch gar kein Geld.

Sohn: Sicher, du hast mir doch selber einen Euro gegeben.

Mutter: Ja, aber der Euro, den ich dir mitgegeben habe, war doch für die Kirche bestimmt.

Sohn: Ich weiß, aber heute war dort der Eintritt frei.[4]

2.3. Spiele-AG

In den vergangenen Jahren hat sich die Lebenswelt unserer Kinder stark gewandelt, dies bezieht sich insbesondere auf den Bereich Familie (veränderte Familienstrukturen: traditionelle Vater-Mutter-Kind-Beziehung, Alleinstehende mit Orientierung an einem normativen Familienideal, kinderlose Paarbeziehungen, nichteheliche Beziehungen mit Kindern und normativen Fami-

---

[4] Vgl. Schmalenbach, Heinz 1994.

lienideal, postmoderne Ehebeziehung ohne Kinder, nicht eheliche Elternschaft ohne Orientierung an einer Idealnorm, verheiratete Paare mit Kindern ohne normatives Ideal[5]), auf den Wandel gesellschaftlicher Wertorientierungen und Erziehungsziele, auf das Wohnumfeld der Kinder, auf den Einbruch der elektronischen Medien und der neuen Informations- und Kommunikationstechniken in die Alltagswelt, auf die Verlockungen der Konsum., und Freizeitindustrie und auf die Abgrenzung der Kinder in eigenen Räumen („Kinder-Kindheit") mit der Tendenz einer zunehmenden Pädagogisierung ihrer Alltagswelt.[6, 7, 8, 9]

Diesbezüglich wurde oft darauf hingewiesen, die heutige Alltagswelt schränke das Kinderspiel zunehmend ein und zwar sowohl die Spielmöglichkeiten der Kinder, als auch ihre Spielfähigkeiten.[10] Dabei ist das Spiel für die Entwicklung eines jeden Kindes von enormer Bedeutung, so dass es in jeder pädagogischen Einrichtung eine Spiele-AG geben sollte, die das „Spielen" der Kinder neben dem Freispiel durch Vielfalt gezielt fördert.

Im Leben von Kindern hat das Spielen weder etwas mit zufälliger Freizeitgestaltung zu tun, noch mit einer rein lustbetonten Tätigkeit. Das Spiel ist vielmehr gewissermaßen der Hauptberuf eines Kindes, das dabei ist, die Welt um sich herum, sich selbst, Geschehnisse und Situationen, Beobachtungen und Erlebnisse im wahrsten Sinne des Wortes zu begreifen. In sich vereint weist das Spiel drei Funktionen auf: 1. Bedeutung hinsichtlich der Persönlichkeitsentwicklung, 2. Das Spiel stellt einen Nährboden für einen darauf aufbauenden Erwerb von notwendigen schulischen und beruflichen Fähigkeiten dar, und 3. Es gibt einen deutlichen Zusammenhang zwischen der Spiel-, und Schulfähigkeit. Spieleforscher betonen in diesem Zusammenhag, dass Kinder bis zur Vollendung des sechsten Lebensjahres ca. 15.000 Stunden spielen (müssen), das sind ca. 7 – 8 Stunden pro Tag. So heißt es, dass Kinder die viel und intensiv spielen, dabei ihre Besonderheit, ihre Einmaligkeit, ihre Handlungsmöglichkeiten und -grenzen, ihre Gefühls- und Gedankenwelt wahrnehmen.

Aus dem Feld der Spielforschung ist seit Jahren bekannt, dass Kinder die viel und intensiv (Quantität und Qualität) spielen, in allen vier Kompetenz-

---

[5]   Vgl. Petzold, Matthias 2000.
[6]   Vgl. Geulen, D. 1989.
[7]   Vgl. Harms, G./ Preissing, C. 1988.
[8]   Vgl. Berg, C. 1991.
[9]   Vgl. Spanhel, D./ Hotamanidis, S. 1988.
[10] Vgl. Spanhel, D. 1991.

bereichen einer erfolgreichen Lebensgestaltung, folgende Verhaltensmerkmale auf- und ausbauen.[11]

a) Im emotionalen Bereich:

Erkennen, Erleben und Verarbeiten von Gefühlen, besseres Verarbeiten von Enttäuschungen und Versagungen, leichteres Ertragen von eindeutigen Situationen, geringere Aggressionsbereitschaft, stärker ausgeprägte Belastbarkeit, größere Ausdauer, Erleben einer größeren Zufriedenheit, ein gleichwertigeres Verhältnis der Grundgefühle Angst, Freude, Trauer, Wut.

b) Im sozialen Bereich:

Besseres Zuhören-Können bei Gesprächen, geringere Vorurteilsbildung anderer Menschen gegenüber, bessere Kooperationsbereitschaft, höheres Verantwortungsempfinden, höhere Regelakzeptanz, bessere Wahrnehmung von Ungerechtigkeiten, intensivere Freundschaftspflege.

c) Im motorischen Bereich:

Raschere Reaktionsfähigkeit, fließendere Gesamtmotorik, bessere Auge-Hand-Koordination, differenziertere Grob-, und Feinmotorik, besseres Balance-Empfinden für ihren Körper, gelungenere Absichtssteuerung.

d) Im kognitiven Bereich:

Besseres sinnverbundenes (logisches) Denken, höhere Konzentrationsfertigkeit, bessere Gedächtnisleistungen, höhere Wahrnehmungsoffenheit, differenzierterer Wortschatz, differenziertere Sprache, besseres Mengen-, Zahl-, Farb- und Formverständnis, größere Fantasie und klügeres Durchschauen von Manipulationsversuchen.[12]

In der Spiele-AG soll also dem Wortlaut nach allein schon, wirklich „nur" gespielt werden. Aus Erfahrung kann ich hier nur über eine positive Reaktion der Kinder berichten. Die Spiele-AG wurde von fast allen Kindern mit

---

[11] Vgl. Krenz, Armin 2001.
[12] Vgl. Krenz, Armin 2001.

großer Begeisterung besucht und genutzt, am liebsten, so hieß es oft, könne die Spiele-AG jeden Tag stattfinden.

Nun aber etwas Handfestes zur Praxis:

Bevor man mit der AG beginnt, sollten sich jedes Mal vor Start alle beteiligten Kinder an den Tisch setzen. Ist es leise, so werden die Kinder der Reihe nach gefragt, was sie dieses Mal in der Spiele-AG spielen möchten.

Es stehen jedem verschiedene Angebote zur Auswahl. Es geht jedoch nicht, dass nicht gespielt wird, sonst hieß das Ganze ja auch nicht Spiele-AG. Die Kinder haben nun die Möglichkeit auszuwählen. Meist tun sich mehrere Kinder vorab schon zusammen und wollen gemeinsam etwas spielen, das ist ja auch Sinn und Zweck des Ganzen.

Die Kinder dürfen nun entscheiden, ob sie beispielsweise in der Puppenecke spielen mögen oder in der Bau- und Legoecke, am Kaufladen, am Fußball-Kicker oder ob sie ein Gesellschaftsspiel spielen möchten. Ich weiß zwar nicht, wie Sie mit Gesellschaftsspielen ausgestattet sind, aber ich weiß aus Erfahrung, dass man im Alltag oft nicht dazu kommt, neue Spiele ordentlich in die Gruppe einzuführen. Hierzu wäre in der Spiele-AG mal ausreichend Zeit und die Kinder freuen sich darüber, dass Sie mit ihnen über der Spieleanleitung tüfteln, glauben Sie es mir. Wenn man allein schon bedenkt, wie viele Spielmöglichkeiten eine große Spielesammlung (einige Hunderte) aufweist, so dürfte es eigentlich niemals langweilig werden, es gäbe immer ein neues Spiel zu entlarven.

Ich weiß, dass das Budget für neue Anschaffungen meist recht knapp ist, aber besuchen Sie bei Gelegenheit doch mal die Spielemesse in Essen. Bei den Internationalen Spieletagen handelt es sich um die weltweit größte Publikumsmesse für Spiele und Spielzeug. Sie bietet ihren Besuchern eine einmalige Möglichkeit, sich umfassend über das gesamte nationale und internationale Spieleangebot zu informieren und dieses einem ausführlichen Test zu unterziehen. Nirgendwo sonst finden Sie die gesamte Spielszene so umfassend versammelt. Verlage, Autoren, Hersteller und natürlich Spieler treffen sich einmal im Jahr, um Erfahrungen auszutauschen, sich über das Neuste zu informieren und ihre Produkte einer breiten Öffentlichkeit vorzustellen. Auf einer Fläche von rund 36.000 qm werden Brettspiele aller Art, Kinder-, Gesellschafts-, Familien- und Erwachsenenspiele sowie Strategie-, Post-, Abenteuer-, Fantasy-, Sciencefiction- und Computerspiele gezeigt. Natürlich fehlen auch die Klassiker Schach, Doppelkopf, Bridge, Go und Backgammon nicht. Ein Besuch lohnt sich in jeden Fall, oder machen Sie doch gleich einen ganzen OGS-Ausflug mit den Kindern dorthin. Günstigere Alternativen wären ansonsten noch Secondhand-Läden oder Floh- und Trödelmärkte. Schlendern Sie einfach mal über den ein oder anderen Markt, da wird sich sicherlich auch für ihre Gruppe ein nettes Schnäppchen finden lassen.

Ich kann Sie nur wirklich dazu ermutigen, eine Spiele-AG ins Leben zu rufen, denn wenn auch erst mal der schlimmste Zappelphilipp eine spielerische Beschäftigung für sich gefunden hat, werden Sie nur noch staunend durch ihre Gruppe gehen und es genießen den Kindern beim Spielen zuzuschauen oder bestenfalls, wenn es die Situation erlaubt, spielen Sie einfach mit, die Kinder freut so etwas ungemein. Und wenn Sie und die Kinder Lust haben, könnten Sie sogar selber mal ein Spiel entwerfen. Entweder Sie gestalten mit den Kindern ein Memory, ein Mensch-Ärger-Dich-Nicht etc., oder Sie denken sich gemeinsam mit den Kindern selber ein Spiel aus, das macht richtig Laune. Als kleiner Tipp: machen Sie doch aus dem Mensch-Ärger-Dich-Nicht einfach ein Schlumpf-Ärger-Dich-Nicht. Dazu benötigen Sie lediglich eine große Holzplatte, auf die Sie das Schlumpfenland mit Spielfeld aufzeichnen und die Kinder können es mit Acrylfarbe anmalen.

Die Schlumpfenfiguren, die später die Spielfiguren werden sollen, können Sie z. B. aus Knete, die später in den Ofen darf, herstellen. Ansonsten googeln Sie einfach mal nach ein paar Anregungen zum Spiele selber herstellen, da werden Sie bestimmt fündig werden. Jetzt aber schon einmal viel Spaß beim Spielen.

2.4. Hunde-AG

In unserer heutigen Gesellschaft leiden bereits schon Kinder zunehmend unter Volkskrankheiten, wie beispielsweise Übergewicht, Migräne, Diabetes, Asthma, Allergien, Depressionen, sowie unter dem so genannten Zappelphilipp-Syndrom (ADHS, AD(H)S) und Hör- und Sprachstörungen. Meist handelt es sich um Krankheiten, die durch unsere soziale und ökologische Umwelt beeinflusst, herbeigeführt oder verstärkt werden. Auch ihnen werden jetzt wahrscheinlich zahlreiche Kinder aus ihrer Gruppe einfallen, denen die eine oder andere Erkrankung anhaftet. In diesem Zusammenhang, insbesondere in den Punkten ADS, AD(H)S, Depressionen, Übergewicht, Sprachstörungen und weiteren sozial-emotionalen Verhaltensauffälligkeiten können Tiere einen ganz besonderen Stellenwert einnehmen. Seit Jahrzehnten ist bereits bekannt, dass Tiere auf den Menschen gesundheitsfördernd und sogar heilend wirken können. In den USA gehören Tiere in vielen Krankenhäusern bereits zum Alltag. Auch in der BRD begegnen uns immer häufiger Tiere in Krankenhäusern, Alten- und Pflegeheimen und auch in psychiatrischen Kliniken.

Ein häufiges Problem ist, dass verhaltensauffällige Kinder die Normen und Werte der Gesellschaft und die daraus abgeleiteten Verhaltensregeln nicht anerkennen. Der Grund dafür liegt zu einen darin, dass sie sich als gesellschaftliche Außenseiter oder Versager etikettiert nicht (mehr) von diesen Normen angesprochen fühlen. Darüber hinaus können sie denn Sinn und Zweck der Verhaltensregeln oft nicht verstehen.[13] Ordnung, Pünktlichkeit und Zuverlässigkeit sind häufig nur „preußische Sekundärtugenden"[14], von denen sich Kinder nur eingeschränkt fühlen, ohne zu erkennen, wofür sie im menschlichen Zusammenleben wichtig sind. Der Hund ermöglicht es den Kindern, diese Verhaltensregeln mit Inhalt zu füllen. In der Beziehung zum Tiere erhalten diese Tugenden einen erkennbaren Sinn: Viele Tiere fordern und belohnen Zuverlässigkeit, Ordentlichkeit und Pünktlichkeit.[15] So wird z. B. pünktliches Füttern durch eindeutiges Verhalten vom Hunde (z. B. Unruhe/Betteln) eingefordert und durch überschwängliche Freude quittiert. Auf diese Weise wird das Kind für sein Verhalten positiv verstärkt und erfährt, welche Bedeutung Pünktlichkeit hat. Für Kinder ist es leichter, soziale Tugenden dann zu erlernen, wenn sie nicht nur als abstrakte Forderung einer Autorität auftreten, sondern wenn sie sich im Umgang mit Tieren als praktisch und nützlich erweisen.[16]

Die Erfahrungen, die ein Kind im Verlauf der Erziehung seines Tieres macht, lehren es aber auch, die Eigenarten des Tieres zu akzeptieren. Dies wiederum kann zu erhöhter Toleranz, auch gegenüber seinen Schwächen führen.[17] Hunden etwas beizubringen, erfordert viel Ruhe, Geduld und Einfühlungsvermögen, Eigenschaften mit denen man verhaltensauffällige Kinder nur selten beschreiben würde. Was sie dazu befähigt, diese Verhalten dennoch aufzubringen, sich immer wieder in dem Umgang mit den Hunden zusammenreißen, ist die Zuneigung und Liebe, die sie ihnen entgegen bringen können. Aus der sozialen Interaktion mit dem Hund lernen sie, Verantwortung für ihr eigenes Handeln zu übernehmen. „Kinder müssen erfahren,

---

[13] Vgl. Körner, W./ Hörmann, G. 2000.
[14] Vgl. Greiffenhagen.
[15] Vgl. Körner, W.
[16] Vgl. Körner.
[17] Vgl. Bergler 1986.

dass sie selbst die Ursache für Erfolg und manchmal auch Misserfolg sind; nur auf diese Art und Weise entwickeln sie ein Gefühl für Selbstverantwortlichkeit."[18] Zusammenfassend können also zudem folgende vier Punkte festgehalten werden:

1. Hunde begegnen verhaltensauffälligen Kindern mit Achtung und Wärme!

2. Der Hund verhält sich fühlend und verstehend!

3. Das Verhalten von Hunden ist echt!

4. Der Hund verkörpert förderndes und nicht-dirigierendes Verhalten!

Hunde sind also schlichtweg etwas sehr wertvolles, gerade im Umgang mit Kindern. Wenn Sie also ein oder zwei Hündchen zuhause haben, die noch recht jung und verspielt sind, dann zögern Sie nicht lang und starten eine Hunde-AG. Vor Beginn der AG sollten Sie allerdings einen Elternbrief herausgeben, in dem Sie um das Einverständnis der Eltern im Umgang des Hundes mit den Kindern bitten, vor allem vor dem Hintergrund möglicher Allergien. Nehmen Sie immer nur eine kleine Gruppe von 4 bis max. 5 Kindern mit in die Ag, damit zu einen die Hunde nicht überfordert werden, zum anderen auch Sie auf jedes einzelne Kind im Umgang mit den Tieren eingehen können. Ich kann aus Erfahrung berichten, dass eine derartige AG sehr viel Freude und Überraschungen mit sich bringt, und die Kinder werden Sie und ihren „Kleinen" lieben. Vorab sollten Sie einige wichtige Regeln im Umgang mit den Tieren aufstellen, z. B., dass es keinen Streit gibt, keine Herumgeschreie etc. Wenn Sie den Kindern erklären, dass die Hunde derartiges Verhalten nicht leiden können, werden die Kindern sich bestimmt an die Regeln halten, allerdings müssen Sie während des Spazierengehens permanent wieder auf diese hinweisen. Wie Sie die AG letztendlich umsetzen, da lasse ich ihrer Phantasie freien Lauf. Seien Sie kreativ, üben Sie mit den Kindern und Hunden Leinentraining, Sitz, Platz, Aus etc., lassen Sie die Kinder mit den Hunden über Wiesen und Wälder toben, informieren Sie die Kinder über all das Wissenswerte, was man über Hunde erfahren sollte, legen Sie einen Beauty-Tag ein und baden die Hunde gemeinsam mit den Kindern, lassen Sie die Kinder die Hunde bürsten, füttern etc., machen Sie ganz einfach etwas tolles daraus! Und denken Sie immer daran, ein Hund

---

[18] Vgl. Bergler 1986, S. 37.

muss raus, egal welches Wetter draußen tobt, das gilt dann auch für Sie und natürlich auch für die Kinder.

Nach Ende der AG könnte es dann immer ein kleines Leckerlie für die Hunde geben und ein Bonbon oder einen Keks für die Kinder, als kleines Dankeschön der Hunde an die Kinder für das tolle Gassigehen.

Hier nun noch zur Anregung ein paar Arbeitsblätter zum Thema Hund.

Arbeitsblatt 1[19]

Hunde stammen von den_____ab.

Sie sind_____und bringen
lebendige Junge zur Welt.

Wie der Wolf lebt auch der Hund nicht gern allein,
denn er ist ein_____.

Er lebt gerne mit Menschen zusammen,
lässt sich_____und_____.

Bei den Hunden nennt man:

das Männchen_____.
das Weibchen_____.
das Jungtier_____.

Setze richtig ein:
Hündin, Rudeltier, Rüde, erziehen, Säugetiere, Welpe, ausbil-
den, Wölfen, Hinterlauf, Nase, Vorderlauf, Pfote, Rute, Augen,
Krallen, Ohren

_____
[19] Die folgenden Arbeitsblätter und Abbildungen stammen vom Institut für interdisziplinäre Erfor-
schung der Mensch-Tier-Beziehung (IEMT), s. www.iemt.at.

Hunde zeigen mit ihrem Körper ganz deutlich, was sie wollen und fühlen. Male zu den unten stehenden Gefühlen jeweils einen Hund und verbinde die Sätze mit dem richtigen Hund.

Wie Hunde sprechen:

Ich freue mich.　　Ich habe Angst.　　Ich ärgere mich.　　Ich möchte spielen.

Arbeitsblatt 3

Was brauchen Hunde?

Hundedame Brenda braucht einige Dinge zum Leben und hat auch Wünsche, um glücklich zu sein. Male und schreibe einiges auf, was sie so benötigt. Zum Beispiel sagt Brenda:

| Ich habe Hunger und Durst. | Ich will mit dir spielen. | Ich will spazieren gehen. | Meine Haare sind verfilzt. | Ich bin schläfrig. | Ich muss zum Arzt. |

Hunde sind deine Freunde!

Aber: Wenn du einem fremden Hund begegnest, merke dir:

(Male die richtigen Bilder zu die Textzeilen und schreibe die passenden Ziffern in die leeren Kreise)

1. Greife nie einen fremden Hund an,
   ohne vorher zu fragen!

2. Laufe nie vor einem Hund davon, denn
   er läuft dir nach und ist schneller als du!

3. Fasse nie einen Hund von hinten an,
   denn er könnte erschrecken!

4. Schlage nie nach einem Hund!

5. Ärgere nie einen eingesperrten Hund!

6. Nimm einem Hund nie sein Futter weg!

7. Wenn du einen Hund siehst, lass deine
   Hände unten und schrei nicht los!

Michaels Hund

Michael wünschte sich schon lange
einen Hund. An seinem Geburtstag
sagte nun der Vater: „Heute gehen wir
ins Tierheim. Dort suchst du dir einen
aus." Da freute sich Michael sehr.
Und dann standen sie vor dem Hundezwinger
und die Hunde jaulten und
bellten und sprangen gegen das
Gitter. Nur einer lag mit traurigen Augen
ausgestreckt da und war ganz
still. Michael war betroffen. Er wusste
nicht warum, aber er konnte sich kaum
von dem Tier trennen. Doch die Leiterin
des Tierschutzhauses führte sie zu
einem Schäferhund. Der war lebhaft
und munter, und der Vater meinte:
„Der gefällt mir."
„Mir auch", sagte Michael, aber blickte
gleich wieder zu Branco, so hieß der
Hund. Dann standen sie vor einem
Boxer. Der sah lustig und treuherzig
aus, machte übermütige, tollpatschige
Sprünge. „Ein feiner Hund", sagte der
Vater, Michael stand jedoch schon
wieder vor Brancos Zwinger. Der Hund
war aufgestanden, und Michael sah,
dass er hinkte. „Alle sind gesund",
sagte die Leiterin des Tierschutzhauses.
„Nur dieser Hund, der hinkt etwas!" Sie
erzählte, wahrscheinlich sei Branco

ausgesetzt worden. Beim Herumstreunen ist er dann eines Tages in eine Fuchsfalle geraten und hat sich den linken Hinterlauf verletzt. Ein Jäger hat ihn gefunden und ins Tierschutzhaus gebracht. „Wir haben ihn gesundgepflegt, Laufen kann er wieder", sagte sie, „aber er hinkt. Das Fußgelenk ist steif." Der Vater fragte: „Wie lange ist er schon bei Ihnen?" „Zwei Jahre", sagte die Leiterin. Den wollte also keiner haben. Sie gingen zurück zu dem Boxer. „Wirklich ein feiner Hund", sagte der Vater wieder. „Du wolltest doch immer einen Boxer!" „Ja", sagte Michael. „Aber der Branco ... Schau nur, er schaut mir nach." Sie gingen zurück und Branco tappte mit der Pfote gegen das Gitter, als wollte er sagen: „Nimm mich doch mit!" Michael empfand Mitleid mit Branco. Der Vater meinte: „Ich fürchte, der Hund ist nicht ganz leicht zu behandeln. Der braucht viel Liebe und Zuwendung." „Dann nehme ich ihn mit", sagte Michael. Der Vater sah zu dem Boxer hinüber. „Meinst du nicht, dass du den gernhaben würdest?", fragte er. „Doch", antwortete Michael, „ich könnte auch den Boxer gernhaben. Aber der Branco, weißt du, der braucht mich." Die Entscheidung war gefallen. Branco wurde nun Michaels Hund. Aber er wurde nicht nur sein Hund, er wurde

sein Freund, und Branco fühlte sich
wohl. Es dauerte nicht lange, da
war aus dem traurigen
Branco ein fröhlicher
Branco geworden.
Und wenn er über die
Wiesen fegte, sah
man kaum, dass
er hinkte. Er lief
auf drei Pfoten,
aber er lief genauso
schnell
wie ein anderer auf vieren.

Fragen: Michaels Hund

1. Zu welchem Fest bekommt Michael einen Hund geschenkt?

_____

2. Wo suchen Michael und sein Vater einen Hund aus?

_____

3. Wie heißt der Hund, der Michael gleich gefällt?

_____

4. Was ist mit Brancos Bein passiert?

_____

5. Wie lange ist Branco schon im Tierheim?

_____

6. Wie heißt die Hunderasse, die der Vater Michael immer Vorschlägt zu nehmen?

_____

7. Was wird Branco von Michael am meisten brauchen?

_____

8. Was wurde aus Branco, nachdem er bei Michael war?

_____

Arbeitsblatt 7

Trage die richtigen Buchstaben in die Kästchen auf der nächsten Seite unten ein!
Sie ergeben einen Lösungssatz.

1. Was ist der Hund?

(W) Rudeltier
(P) Einzelgänger
(S) Herdentier

2. Wann öffnen Hundebabys nach der Geburt ihre Augen?

(M) sofort
(I)　nach 10 Tagen
(O) nach 5 Wochen

3. Sind junge Hunde gleich stubenrein?

(S) ja
(K) nur bestimmte Rassen
(R) nein

4. Wie alt sollen junge Hunde sein, wenn sie zu ihrer neuen Familie kommen?

(L)　ungefähr zehn Wochen
(J)　sieben Monate
(K) ein Jahr

5. Was sollte man mit einem jungen Hund unbedingt besuchen?

(G) eine Baumschule
(I)　eine Hundeschule
(S) eine Volksschule

6. Wann ist ein Rüde erwachsen?

(T) wenn er schnell laufen kann
(W) wenn er gut bellen kann
(E) wenn er beim „Gassigehen" das Bein hebt

7. An welcher Seite sollte der Hund immer geführt werden?

(B) links
(Z) rechts
(Q) vorne

8. Was bedeutet das Schwanzwedeln beim Hund?

(X) Er vertreibt die Fliegen.
(H) Traurigkeit
(E) Freude oder Aufregung

9. Wie heißt der Schwanz beim Hund?

(G) Spiegel
(N) Rute
(V) Löffel

10. Wenn der Hund die Pfote auf das Knie eines Menschen legt, bedeutet das:

(P) Ich will, dass du weggehst.
(H) Ich hab dich lieb.
(D) Ich möchte kein Futter.

11. Was sind die wichtigsten Sinnes des Hundes?

(Y) Geschmackssinn
(U) Geruchs- und Gehörsinn
(O) Tastsinn

12. Kann ein Hund besser riechen als ein Mensch?

(L) nein
(M) nur nachts
(N) ja

13. Wie alt kann ein Hund durchschnittlich werden?

(F) 5 Jahre
(D) 12 Jahre
(G) 30 Jahre

14. Was muss man tun, bevor man einen fremden Hund streichelt?

(V) gar nichts, einfach hingreifen
(E) den Besitzer fragen und den Hund an der Hand riechen lassen
(J) zum Kennenlernen einmal um den Hund gehen

Lösung:

1 2 3   4 5 6 7 8 9   10 11 12 13 14

Arbeitsblatt 8

Mal mich an!

2.5. Experimente-AG

Nach Jean Piaget gibt es vier Phasen bzw. Stufen der kindlichen Entwicklung des Denkens (kognitive Entwicklung). In jeder dieser Stufen wird auf die vorherige aufgebaut. Piaget war überzeugt davon, dass alle Kinder diese Stufen in derselben Reihenfolge durchlaufen, obwohl das Entwicklungstempo unterschiedlich sein kann. Besonders relevant ist diese Erkenntnis für Erzieher, Lehrer und Eltern.[20]

1. Sensomotorische Phase: 0-2 Jahre; Säuglingsalter

Während des sensomotorischen Stadiums der kognitiven Entwicklung tritt Intelligenz nur in Form von motorischer Aktivität als Reaktion auf sensorische Reizung auf.[21]

2. Präoperationale Phase: 2-7 Jahre; Kindergarten und Vorschulalter

Das Denken ist noch voll mit logischen Irrtümern, da das kindliche Denken mehr von der Wahrnehmung als von der Logik beherrscht wird. So glauben Kinder zu Beginn der präoperationalen Phase zum Beispiel, dass aus einem Jungen ein Mädchen werden kann, wenn er mit Spielsachen von Mädchen (z. B. Puppen) spielt.

Die Umschüttaufgabe Teil 1:

Der bekannteste Versuch von Piaget zu logischen Irrtümern ist sicherlich die Umschüttaufgabe: Kindern wurde ein breites Gefäß mit Flüssigkeit gezeigt und die Flüssigkeit vor den Augen der Kinder in ein dünneres Gefäß umgeschüttet. Zu Beginn der präoperationalen Phase sind Kinder der Meinung, die Flüssigkeitsmenge habe sich verändert.

3. Phase der konkreten Operationen: 7-12 Jahre; Grundschulalter

Ab dem 7. und 8. Lebensjahr wirkt sich die Wahrnehmung nicht mehr in so hohem Maße auf die Urteilbildung aus. Konkrete Denkoperationen werden möglich: Das Kind kann mehrere Dimensionen einer Situation beachten.

---

[20] Vgl. Lück/Miller 1999.
[21] Vgl. Mönks/ Knoers 1996, S. 154.

Die Umschüttaufgabe Teil 2:

Während das voroperational denkende Kind sich zumeist von seinem Wahrnehmungseindruck täuschen lässt, kennt es als konkret operationaler Denker die richtige Antwort. Wenn einer Menge nichts hinzugeführt oder weggenommen wird, so erklärt es seine Antwort, bleibt sie unverändert. Auch wenn die Flüssigkeitssäule in dem einen Glas höher, im zweiten Glas niedriger aussieht, berücksichtigt das sieben- oder achtjährige Kind sowohl Höhe als auch Breite.[22]

4. Phase der formalen Operationen: ab ca. 12-15 Jahre; Jugendalter

Mit dem Erreichen der Phase der formalen Operationen ist das Individuum in der Lage, Probleme vollständig auf einer hypothetischen Ebene zu lösen. Logische Schlussfolgerungen sind ebenso möglich, wie das geistige Variieren von Variablen.

Aus dem gerade gelernten Wissen schlussfolgernd, macht eine Experimente-AG im Grundschulalter daher richtig Sinn und vor allem Spaß. Kinder lieben nichts mehr, als neuen Entdeckungen und aufregenden Erlebnissen zu begegnen. Die Experimente-AG sollte jedoch immer in Kleingruppen durchgeführt werden, damit Sie auch die Möglichkeit und Zeit haben, ausreichend auf die Fragen und Erklärungen der Kinder einzugehen, schließlich soll über das Beobachtete auch diskutiert werden. Hier nun zur Anregung ein paar Experimente. Viel Spaß!

2.5.1. Was schmilzt schneller, ein Eiswürfel mit Salzhaube oder ein Eiswürfel ohne Salzhaube?

Benötigt werden zwei Eiswürfel, kaltes Wasser, eine Uhr und etwas Salz. Das Salz lässt den Eiswürfel schneller schmelzen. Dafür braucht es Energie, die aus der Umgebung in Form von Wärme entzogen wird. Funktioniert das auch mit Zucker?[23]

---

[22] Vgl. Mietzel 1998 a, S. 86.
[23] Vgl. http:/www.kidsweb.de/experi/experinh.htm.

2.5.2. Braucht Wasser mehr oder weniger Platz, wenn es gefriert?

Der obere Wasserstand in einem Glas wird mit einem Klebeband markiert. Dann wird das offene Glas ins Gefrierfach gestellt. Ist das Wasser nach einiger Zeit gefroren, so sieht man, dass das Eis über die Markierung reicht. Das bedeutet, es hat sich nach oben ausgedehnt. Das ist auch der Grund, warum sich über den Winter hinweg auf den Straßen immer wieder Schlaglöscher bilden. Wasser dringt in die Ritzen und Spalten des Asphalts ein und gefriert. Durch die Ausdehnung werden ganze Steinbrocken ausgebrochen.[24]

2.5.3. Die knisternde Kartoffel – ein Versuch

Es werden gebraucht: eine Kartoffel, ein Kopfhörer, ein Nagel aus Zink und ein Geldstück aus Kupfer, z. B. ein Cent.

In die Kartoffel werden nebeneinander der Nagel und das Geldstück gesteckt. Dann steckt man sich den Kopfhörer ins Ohr und den Stecker zwischen den Nagel und das Geldstück, wobei der Stecker dabei den Nagel und das Geldstück berühren muss. Was hörst du? Es knistert – und zwar handelt es sich um Strom. Durch die beiden verschiedenen Metalle und den Saft der Kartoffel beginnt eine chemische Reaktion, diese bringt winzige Teilchen, die so genannten Elektronen, in Bewegung.

Durch den Stecker des Kopfhörers wird der Stromkreis geschlossen und du kannst den Strom hören. Diesen Versuch kann man auch mit anderen Frucht- und Gemüsearten ausführen.[25]

2.5.4. Schattenfiguren und doppelter Schatten

Einführung:

Wie viele Schatten hat man, wenn draußen die Sonne scheint? Na klar, einen Schatten.
In diesem Versuch kann man gleich mehrere Schatten machen.

---

[24] Vgl. http:/www.kidsweb.de/experi/experinh.htm.
[25] Vgl. http:/www.kidsweb.de/experi/experinh.htm.

Material:

- 1 weiße Pappschachtel (Schuhkarton)
- 1 Zimmer, das sich abdunkeln lässt
- 2 Teelichter
- Zündhölzer
- 1 Lineal
- 1 Spielzeugfigur (Playmobil)
- 1 Erwachsener als Helfer

Durchführung:

1. Den Schuhkarton stellt man auf einen Tisch und ein Teelicht in 15 cm Abstand vom Karton. Zwischen Teelicht und Kartonwand stellt man dann die Figur auf. Sie soll 5 cm von der Kartonwand entfernt stehen. Man bittet einen Helfer, das Teelicht anzuzünden und das Licht im Zimmer auszumachen.
Wie viele Schatten wirft die Figur an die Schuhkartonwand?

2. Der Helfer zündet das zweite Teelicht an. Stelle es so neben das erste Teelicht, dass sich die beiden Teelichter berühren.
Wie viele Schatten sieht man jetzt?

3. Rücken Sie die beiden Teelichter nun soweit auseinander, dass sie etwa 10 cm voneinander entfernt sind.
Was passiert dabei mit den Schatten?

Beobachtung:

Brennt ein Teelicht, wirft die Figur einen Schatten an die Wand. Brennen zwei Kerzen dicht nebeneinander, sind es sogar drei Schatten, zwei hellgraue und ein dunkelgrauer. Wenn man die Kerzen auseinander rückt, wandern die Schatten auseinander. Der dunkelgraue Schatten verschwindet.

Erklärung:

Die Kerze leuchtet die Wand gleichmäßig an. Das Licht, das auf die Figur fällt, kommt an der Wand nicht mehr an. An der Stelle ist dann der Schatten der Figur zu sehen. Mit zwei Kerzen, die dicht zusammen stehen, macht die Figur drei Schatten. Der rechte Schatten kommt von der linken Kerze und linke Schatten von der rechten Kerze. In der Mitte überdecken sich beide Schatten zu einem dunklen Schattenbild, das Kernschatten heißt. Wenn man die Kerzen weiter auseinander stellst, rücken die Schatten auseinander und der dunkle Kernschatten verschwindet.

Alltagsbezug:

Habt ihr schon mal ein Fußballspiel im Stadion mit Beleuchtung gesehen? Dann haben die Spieler vier Schatten, die wie ein Kreuz in die Ecken des Fußballplatzes zeigen. Der Platz hat nämlich vier große Scheinwerfer, in jeder Ecke einen. Und jeder Scheinwerfer macht einen Schatten, der vom Spieler wegzeigt.

Merksatz:

Jedes Licht macht seinen eigenen Schatten mit einer Figur.[26]

2.5.5. Wird der Eimer schwerer?

Einleitung:

Bestimmt habt ihr schon mal schwere Sachen getragen. Dabei kann man sich die Arbeit leichter oder schwerer machen. Wie es am besten geht, das zeigt dieser Versuch.

Material:

- – 1 Besenstiel
- – 1 Eimer
- – 1 Helfer
- – Wasser (etwa 1 Liter)

---

[26] Vgl. http:/www.kinder-leichte-experimente.de/index.html.

1. Halten Sie den Besenstiel mit beiden Händen an einem Ende fest und halten Sie ihn direkt vor ihren Körper, so dass der Stiel von dir wegzeigt.

2. Füllen Sie das Wasser in den Eimer und bitten einen Helfer, den Eimerhenkel über den Besenstiel zu schieben. Der Eimer soll jetzt ganz nah bei deinen Händen am Besenstiel hängen.
Ist es schwer, den Eimer am Besenstiel festzuhalten?

3. Der Helfer zieht den Eimer jetzt ein Stück weiter auf dem Besenstiel von ihnen weg. Probieren Sie das solange, bis Sie den Besenstiel nicht mehr gerade halten kannst.
Wie ist der Eimer am leichtesten zu halten?

Beobachtung:

Je weiter der Eimer von einem weghängt, umso schwerer ist es, den Besenstiel eine Weile gerade festzuhalten. Ganz nah am Körper lässt sich der Eimer leicht tragen.

Zusatzversuch:

Füllen Sie den Eimer ganz voll Wasser und halten Sie ihn zu Zweit mit dem Besenstiel. Tragt den Eimer mal in der Mitte des Besenstiels und mal an einem oder dem anderen Ende.
Wann ist der Eimer für Sie am leichtesten zu tragen?

Erklärung:

Egal wie weit man den Eimer vom Körper weg trägst, er wiegt immer dasselbe. Aber die Kraft, die man braucht, um den Besenstiel mit dem Eimer festzuhalten, wird größer, je weiter der Eimer von einem weg ist.
Das ist wie im letzten Experiment, aber diesmal ist man am kurzen Ende des Besenstiels und der Eimer mit dem Wasser ist stärker als man selbst.

Alltagsbezug:

Haben Sie schon mal einem Baukran bei der Arbeit zugeschaut? Er kann schwere Sachen hochheben und woanders wieder absetzen. Dabei bewegt er sich nicht von der Stelle. Er macht das so ähnlich wie Sie in diesem Experiment. Das Gewicht bewegt sich am Kranausleger immer weiter nach außen. Das wird auch dem Kran ganz schön schwer. Deshalb ist er aus stabilen Eisenrohren gebaut. Und damit er nicht das Gleichgewicht verliert und umfällt, braucht er noch ein schweres Gegengewicht.
Das kann man am anderen Ende des Kranauslegers sehen.

Merksatz:

Schwere Sachen sind am leichtesten zu tragen, wenn man sie ganz nah an seinem Körper festhält.[27]

2.5.6. Rutschen oder Rollen

Was rutscht leicht und was bremst? Was geht leichter: rutschen oder rollen? Hier kann man es ausprobieren.

Material:

- 2 etwa murmelgroße Stücke Knete
- 2 gleich große Holzwürfel (Bausteine)
- 1 Papiertaschentuch
- 1 Schere
- 1 Buch

Durchführung:

1. Formen Sie aus dem einen Stück Knete eine Kugel und aus dem anderen Stück eine flache Scheibe.

2. Schneiden Sie aus dem Taschentuch ein Quadrat in der Größe des Holzwürfels.

---

[27] Vgl. http:/kinder-leichte-experimente/index.html.

3. Legen Sie die Knetekugel, die Knetescheibe, den einen Holzwürfel und den zweiten Holzwürfel mit dem Papiertaschentuch nebeneinander an den Rand des Buchs.

4. Nun hebt man das Buch an dem Ende, an dem die Gegenstände liegen, ganz langsam an, sodass es zu einer schrägen Rutsche wird. Je weiter man anhebt, umso steiler wird die Rutsche.

Beobachtung:

Zuerst bewegt sich die Knetekugel und rollt das Brett hinunter. Als nächstes rutscht der Holzwürfel und dann der Holzwürfel auf dem Papiertaschentuch. Die Knetescheibe bleibt am längsten liegen und kommt ganz zuletzt in Bewegung.

Erklärung:

Knete ist sehr rau und klebrig. Es haftet am besten auf dem Buch. Deshalb rutscht die Knetescheibe als Letztes. Die Knetekugel ist rund und kann rollen und rollt als Erstes los. Holz und das Papiertuch haften nicht so gut wie Knete und rutschen nach der Kugel los. Das Papiertaschentuch hält noch besser auf dem Buch als das Holz allein.

Alltagsbezug:

Auf der Rutsche möchte man möglichst schnell rutschen, aber manchmal ist es auch wichtig, dass etwas besonders gut bremst. Bei der Bremse an einem Fahrrad ist das so. Dabei drücken zwei Gummiklötzchen ganz fest auf das Metallrad. Das Gummi haftet besonders gut auf dem Rad.

Merksatz:

Rollen geht leichter als Rutschen. Raue Sachen bremsen besser als glatte[28].

---

[28] Vgl. http:/kinder-leichte-experimente/index.html.

2.5.7. Wasser steht Kopf

Einleitung:

Was passiert, wenn man einen Becher mit Wasser umdrehst? Na klar, das Wasser läuft raus. Aber mit einem kleinen Trick und etwas Übung bleibt das Wasser drin.

Material:

- 1 stabiler Plastik-Trinkbecher
- 1 Kombizange
- 1 Kerze
- 1 Nagel
- 1 ca. einen Meter lange feste Schnur (Paket- oder Maurerschnur)
- 1 Erwachsener als Helfer
- Wasser

1. Ein Erwachsener macht zwei gegenüberliegende Löcher oben in einen Plastik-Trinkbecher. Dazu wird ein Nagel mit der Kombizange festgehalten und über einer Kerze erhitzt. Mit dem heißen Nagel lassen sich die Löcher leicht in den Plastikbecher schmelzen.

2. Man knotet die Schnur als Haltegriff für den Becher in die Löcher.

3. Man füllt den Becher halb voll mit Wasser.

4. Man schwingt den Becher am Faden immer höher. Man versucht, den Becher dann mit viel Schwung im Kreis zu schleudern. Man hält die Schnur dabei gut fest.

Beobachtung:

Obwohl der Becher beim Schleudern sogar für kurze Zeit über Kopf steht, fließt das Wasser nicht raus. Es bleibt die ganze Zeit im Becher.

Erklärung:

Wenn man den Becher schnell im Kreis bewegt, wird das Wasser an den Boden des Bechers gedrückt. Die Kraft, die da drückt, kannst man sogar spüren. Sie zieht an der Hand und sorgt dafür, dass die Schnur immer gespannt bleibt. Wenn man zu langsam dreht, wird die Kraft schwächer und der Becher stürzt ab. Dreht man schneller, wird die Kraft immer größer, bis man den Becher kaum noch festhalten kann.

Alltagsbezug:

In der Waschmaschine wird die Wäsche gewaschen und anschließend geschleudert. Dazu dreht sich die Waschtrommel ganz schnell. Die Wäsche wird dabei fest an die Trommelwand gedrückt und das Wasser so herausgequetscht. Die Wäsche trocknet dann viel schneller, weil das meist Wasser schon herausgeschleudert wurde.

(Wenn man einen Salat zubereitet, muss man die Salatblätter gut abwaschen und die Blätter anschließend wieder abtrocknen. Das kann man genauso machen wie im Experiment. Die Salatblätter werden in ein Trockentuch gelegt und das Tuch mit den Blättern wird kräftig herumgeschleudert. Die Schleuderkraft sorgt dafür, dass die Wassertropfen von den Salatblättern abfallen.)

Merksatz:

Auch in einem Kettenkarussell wird man wie das Wasser nach außen gedrückt.[29]

2.5.8. Das Zauberpulver

Material:

Glas mit wenig Wasser (ca. 1 cm), ein Teelicht, Brausepulver („Ahoi-Brause"), Streichhölzer.

---

[29] Vgl. http:/kinder-leichte-experimente/index.de.

Anleitung:

1. Teelicht ins Glas stellen.

2. Teelicht anzünden.

3. Brausepulver am Rand des Glases vorsichtig ins Wasser schütten.

Beobachtung:

Die Flamme des Teelichtes geht aus.

Naturwissenschaftliche Erklärung:

Wenn das Brausepulver ins Wasser geschüttet wird, sprudelt es. Dadurch entsteht das Gas Kohlenstoffdioxid. Dieses verdrängt die Luft, da es schwerer ist als Luft und so die Luft nach oben verdrängt → die Flamme geht aus.

2.5.9. Der Flaschengeist

Material:

- 1 Flasche
- Hefepulver (1 Päckchen)
- 1 Becherglas (Schüssel)
- Zucker (1 Teelöffel)
- 1 Trichter
- Mehl (4 Teelöffel)
- 1 Gabel (zum Umrühren)
- 100 ml warmes Wasser
- 1 Luftballon
- heißes Wasser (nicht über 65 Grad)

Anleitung:

1. Zucker, Mehl und Hefe in eine kleine Schüssel geben.

2. 100 ml warmes Wasser dazugeben.

3. Mit der Gabel verrühren, bis keine Klümpchen mehr da sind.

4. Hefegemisch mit Trichter in eine Flasche füllen.

5. Luftballon über den Flaschenhals stülpen.

6. Diese Flasche in eine große Schüssel stellen.

7. Heißes Wasser in die Schüssel geben.

Beobachtung:

Der Ballon bläst sich auf. Das Gemisch in der Flasche wird mit der Zeit mehr.

Erklärung:

Innerhalb weniger Minuten beginnt der Hefepilz zu leben und ernährt sich dabei vom Zucker und vom Mehl. Dabei fängt die Flüssigkeit an zu schäumen, weil die Flüssigkeit das Gas Kohlenstoffdioxid produziert. Es bilden sich immer mehr Bläschen, die in der Flasche aufsteigen und damit den Ballon aufblasen. So fängt der Geist an zu leben.

Als keine Anregung zum Abschluss, gestalten Sie für die Kinder einen Experimente-Führerschein und kleine Forschermedaillen, das macht die Kinder ganz bestimmt wahnsinnig stolz.

2.6. Koch- und Back-AG

Kinder essen für ihr Leben gern, doch kommt nicht immer das auf den Tisch, was sie so richtig gerne mögen. Insbesondere die Heranführung an das Verzehren von Obst und Gemüse bedarf etwas Einfallsreichtum durch den Erwachsenen.

Höchstwahrscheinlich beziehen Sie ihr Essen für das Mittagessen aus der Küche eines Krankenhauses, einer Metzgerei oder jeglicher anderer Einrichtung. Dies ist vom Prinzip her auch ganz egal, Fakt ist nur, dass nur die wenigsten pädagogischen Einrichtungen für so eine Vielzahl von Kindern kochen. Zwar kann man in der Regel zwischen zwei oder drei Menüs des jeweiligen Tages auswählen, aber manchmal ist selbst das nicht ausreichend, um ein wirklich leckeres Mittagessen auf dem Tisch zu haben und dabei ist dies enorm wichtig. Die Kinder haben stundenlang im Unterricht gesessen und ihre Köpfe mussten qualmen, dann kommen sie z. B. in die OGS und es gibt schon wieder etwas, was man überhaupt nicht gerne mag, dabei hat man doch so einen Mordshunger. Nach dem Mittagessen stehen dann in der Regel die Hausaufgaben an und das ein oder andere Kind, hat keinerlei Chance sich zu konzentrieren, weil es beim Mittagessen nur mit der Gabel im Essen herumgestochert hat. Eine ausgewogene Ernährung ist also von immenser Bedeutung für die geistige und körperliche Entwicklung von Kindern, aber ebenso der Genuss an süßen Köstlichkeiten darf auch nicht zu kurz kommen und lässt Kinderherzen höher schlagen.

Mit der Koch- und Back-AG haben Sie also die Möglichkeit, mit den Kindern zusammen das sonst so triste gelieferte Essen etwas aufzupeppen. Bestellen Sie doch einfach mal die Gemüse- oder Salatbeilage ab, die die Kinder meist sowieso nicht anrühren, je nachdem was auf den Tisch kommt und bereiten Sie zusammen mit den Kindern selber einen tollen knackigen, frischen Salat oder Rohkostteller zu. Oft essen Kinder Gemüsesorten, die sie gekocht niemals anrühren würden, im rohen Zustand mit vollem Genuss. Oder bereiten Sie einen leckeren Nachtisch mit den Kindern zu, z. B. einen Obstsalat, Quarkspeisen, einen Kuchen oder ähnliche Backwaren, oder lecke-re Getränke – die Kinder werden sich die Finger abschlecken.

Nehmen Sie für die Durchführung der AG im Wechsel immer nur eine Kleingruppe an Kindern mit, damit auch wirklich jedes Kind etwas Sinn-volles in der Küche zu tun hat. Ziehen Sie den Kindern Schürzen und Koch-mützen an, das hebt die Stimmung und sie fühlen sich ernst genommen, auch wirklich zum Küchenteam dazuzugehören und einen produktiven Beitrag zum Salat oder Nachtisch beizutragen. Haben Sie zufälligerweise einen Su-permarkt um die Ecke, dann nehmen Sie die Kinder zum Einkaufen mit und besorgen die Zutaten nicht bereits allein im Voraus. Kinder gehen unheim-lich gerne einkaufen, ich hatte immer einen Heidenspaß dabei. Beim Mittag-essen oder beim Nachtisch, je nachdem, sollen die Küchenmeister dann nach vorne geholt werden und es gibt von allen als Dankeschön einen riesigen Applaus, und den gibt es in der Tat, das können Sie mir glauben.

Möchten Sie mit ihrer OGS einen Schwerpunkt auf dem Gebiet „Backen" setzen, dann führen Sie doch einen Backtag ein, an dem Sie für die ganze Schule backen und die Teilchen in der Pause von den Kindern verkaufen lassen. Man kann letztendlich aus allem ein tolles Projekt machen, wenn man denn nur will.

Hier nun aber zur Anregung einige Rezepte, die einfach zu machen und zudem recht preiswert sind. Auf die Plätze, fertig, los!

2.6.1. Apfel-Hagelzucker-Brötchen

Zutaten:

- 200 g Magerquark
- 100 ml Öl
- 100 g Zucker
- 1 Ei
- 300 g Mehl
- 3 TL Backpulver
- 2 kleine Äpfel
- Hagelzucker

Anweisungen:

Aus Quark, Öl, Zucker, Ei, Mehl und Backpulver einen Teig kneten. Geschälte und entkernte Äpfel in Stückchen schneiden und unter den Teig mischen. Den Teig zu kleinen Brötchen (etwas kleiner als faustgroß) formen und diese mit der Oberseite in Hagelzucker wälzen. Die Brötchen bei 200 Grad ca. 35 Minuten backen.[30]

2.6.2. Schoko-Quark-Brötchen

Zutaten:

- 250 g Magerquark
- 3 EL Butter
- 3 EL Zucker
- 2 Eier
- 1 TL Salz
- 250 g Mehl

---

[30] Vgl. http:/www.kinderrezepte.de.

- 1 Päckchen Backpulver
- 100 – 150 g Schokolade (z. B. ein Schokoladen-Nikolaus oder ein Schokoladenhase)

Anweisungen:

Nikolaus klein schneiden/bröseln. Aus den restlichen Zutaten einen Teig rühren. Schokostückchen unterheben. 8 Brötchen mit zwei Esslöffeln formen. Auf ein mit Backpapier ausgelegtes Backblech geben. Bei 200 Grad 30 Minuten backen.[31]

2.6.3. Käsebrötchen

Zutaten:

- zwei Tassen Mehl
- 1 TL Backpulver
- ½ TL Salz
- 50 g Butter
- 1 Tasse geriebener Emmentaler
- 1/8 l Milch

Anweisungen:

Knetteig herstellen, zu einer Rolle formen. In gleich große Teile zu Brötchen formen und mit Eigelb bestreichen. Bei 200 Grad ca. 25 Minuten backen.[32]

2.6.4. Kleine Erdbeertörtchen

Zutaten:

- 1 Packung Torteletts (das sind handtellergroße Tortenböden)
- pro Törtchen etwa 5 – 8 Erdbeeren
- eine Portion selbst gemachten Vanillepudding

---

[31] Vgl. http:/www.kinderrezepte.de.
[32] Vgl. http:/www.kinderrezepte.de.

Anweisungen:

Man stellt den Pudding so her, wie es auf der Packung beschrieben ist und lässt ich in einem Gefäß abkühlen. Die Erdbeeren werden gewaschen, die Blätter entfernt und abgetropft. Die Törtchenböden werden mit Vanillepudding bedeckt. Am Ende werden die Törtchen mit den Erdbeeren bedeckt.[33]

2.6.5. Blitzkuchen

Zutaten:

- 100 g Zucker
- 250 g Margarine
- 4 Eier
- 500 g Mehl
- 1 Päckchen Backpulver
- 125 ml Milch
- 4 EL Zucker
- 1 Tüte Mandelblätter

Anweisungen:

Aus allen Zutaten einen Rührteig herstellen, Teig auf ein eingefettetes Backblech streichen. 80 g Butter in Flocken teilen und auf dem Teig verteilen. Zucker und ca. 200 g Mandelblätter gleichmäßig auf dem Teig verteilen. Bei 200 Grad ca. 20 Minuten backen.[34]

2.6.6. Mandarinen-Quark

Zutaten:

- 1 Dose Mandarinen
- 500 g Quark
- 1-2 EL Zucker
- etwas Milch

---

[33] Vgl. http:/www.blinde-kuh.de/kueche/rezepte-kuchen.html.
[34] Vgl. http:/www.blinde-kuh.de/kueche/rezepte-kuchen.html.

Anweisungen:

Quark und Mandarinen in eine Schüssel geben, nach Geschmack etwas Zucker und Milch dazugeben und gut verrühren. Bis zum Essen kalt stellen. Eignet sich für fast alle Früchte.[35]

2.6.7. Himbeerbuttermilch

Zutaten:

- 1 Päckchen TK Himbeeren oder 2 Tassen Frische
- 1 ½ Becher kalte Buttermilch
- Zucker (nach Belieben)
- Eiswürfel

Anweisungen:

Himbeeren eventuell auftauen lassen und mit der Buttermilch pürieren. Jetzt mit Zucker süßen und die Eiswürfel in die Buttermilch geben.[36]

2.6.7. Bunter Gemüsesalat

Zutaten:

- 2 kleine Zucchini
- 2 rote Paprikaschoten
- 1 Dose Mais
- 2 Esslöffel saure Sahne
- 1 Esslöffel Olivenöl
- 1 Esslöffel Kräuteressig
- 1 Teelöffel Kräutersalz
- etwas Pfeffer

---

[35] Vgl. http:/www.blinde-kuh.de/kueche/rezepte-kuchen.html.
[36] Vgl. http:/www.blinde-kuh.de/kueche/rezepte-kuchen.html.

Anweisungen:

Die Zucchini waschen, der Länge nach vierteln und diese in dünne Scheiben schneiden. Die Paprika in Streifen schneiden und zu kleinen Vierecken zubereiten. Zucchinischeiben, Paprikawürfel und den Mais in eine Schüssel geben und miteinander vermischen. Die saure Sahne mit dem Olivenöl, Essig, Kräutersalz und Pfeffer gut verrühren. Die Salatsoße über das Gemüse geben.[37]

2.6.8. Tomatensalat

Zutaten:

- 6 Tomaten
- 1 Zwiebel
- Öl
- Salz

Anweisungen:

Erst die Tomaten gut waschen. Anschließend in Scheiben schneiden und in eine Schüssel legen. Danach die Zwiebel in kleine Würfel schneiden. Zuletzt ein wenig Öl darüber gießen und eine Prise Salz dazugeben. Fertig![38]

2.7. Tanz-AG

Um eine Tanz-AG ins Leben zu rufen, brauchen Sie keinesfalls eine Tanzausbildung oder irgendwelche Tanzkurse absolviert haben. Oft macht man es sich selber einfach schwerer als es in Wirklichkeit ist. Grundvoraussetzung Nummer eins, um eine Tanz-AG mit den Kindern zu gestalten, ist, dass man schlichtweg Freude daran hat, sich zur Musik zu bewegen. Scheu, sich vor den Kindern rhythmisch zu bewegen, ist hier fehl am Platz. Auch wenn Kinder oft knallhart, das sagen, was sie denken, was manchmal auch verletzend sein kann, so sind sie auf der anderen Seite oft recht anspruchslos und freuen sich ganz, ganz bestimmt über ihr Engagement, mit ihnen tanzen zu wollen.

---

[37] Vgl. http:/www.blinde-kuh.de/kueche/rezepte-salate.html.
[38] Vgl. http:/www.blinde-kuh.de/kueche/rezepte-salate.html.

Ich selber bin auch keine Profitänzerin, im Gegenteil, und habe trotzdem ein ganz tolles Tanzprojekt mit den Kindern auf die Beine gestellt.

Lange habe ich hin und her überlegt, was für Lieder sich hier zum Einstieg wohl eignen würden und habe letzten Endes den Titelsong von Dirty Dancing „Time of my life" ausgewählt. Der Auftritt nach mehreren Monaten vor den Eltern und weiterem großen Publikum war ein voller Erfolg, ich kann ihnen daher dieses Lied wärmstens empfehlen.

Jetzt denken Sie sicher wieder: Dirty Dancing? Oh Schreck, oh je, wie soll ich denn bloß so tanzen, wie die es im Film tun. Die Antwort ist ganz einfach, das müssen Sie ja gar nicht. Denken Sie sich zuhause in aller Ruhe, wo Sie niemand beobachten oder stören kann, eine schöne Choreographie für die Kinder zum Lied aus. Sie müssen sich dazu nur einige Bruchteile ausdenken, weil Sie den Rest dem richtigen Tanz entnehmen können. Schauen Sie sich den Tanz bei YouTube oder ähnlichen Portalen an und trainieren Sie die einzelnen Schritte für sich selber ein, um Sie dann mit den Kindern einüben zu können. Machen Sie sich dabei keinen Stress, aller Anfang ist schwer, ich weiß, aber nach einiger Zeit bekommen Sie das schon hin, das habe selbst ich geschafft.

Möchten Sie aus dem Ganzen ein tolles Projekt mit großem Auftritt verwirklichen, dann planen Sie mehrere Monate für das Üben mit den Kindern ein. Vor jedem Üben sollte natürlich ein Aufwärmprogramm stattfinden, was die Kinder total ausflippen lässt. Machen Sie einfach etwas flotte Musik an und einige Dehnübungen und Ausdauertraining und die Kinder machen's nach, das ist ein riesiger Spaß, sag ich ihnen.

Lassen Sie die Kinder sich in Zweierpaare zusammenfinden, damit Sie auch wirklich die Schritte einüben können, wie im Film. Für die Übergänge wird ihnen schon etwas Nettes einfallen, probieren Sie zuhause einfach mal verschiedene Tanzübergänge aus. Mit ihrer Kreativität und der Anregung der Tanzschritte aus dem Film, kann da nur etwas Wunderschönes bei rauskommen. Haben Sie Mut und legen Sie los, ich schwöre ihnen, die Augen der Eltern werden funkeln und leuchten, wenn Sie ihre Kinder so tanzen sehen, wie im Film. Toi, toi, toi!

2.8. Foto-AG

Kinder lieben es im Mittelpunkt zu stehen, das alle Augen nur einmal auf einen ganz allein gerichtet sind und alle Aufmerksamkeit im positiven Sinne nur einem gilt. Eine Foto-AG erfüllt diesen Zweck, vorausgesetzt man fotografiert in einem Fotoprojekt die Kinder. Kinder brauchen bei ihrem Tun in hoher Regelmäßigkeit kleine Erfolgserlebnisse. Dabei ist es wichtig, dass diese möglichst schnell eintreten, so das sie auch als solche wahrgenommen werden können. Eine Foto-AG kann eine Vielzahl von Projekten innehaben, zum Beispiel wenn man ganz einfach nach verschiedenen Themen mit den Kindern zusammen fotografiert und zum Abschluss eine kleine Ausstellung vorbereitet.

Eine Möglichkeit wären zum Beispiel Porträtaufnahmen der Kinder. Ich bin mir sicher das das Fotografieren nach anfänglicher Schüchternheit jedem Kind einen riesengroßen Spaß bereiten wird. Die Porträts können anschließend am Computer variabel mit einem Fotoprogramm bearbeitet werden. Zum Beispiel kann man Effekte wie zum Beispiel Hintergrunde mit Blumen etc. einbauen und die Kinder können entscheiden, was ihnen am besten gefällt. Ebenso könnte man das Thema Porträts zerlegen, in dem man zum einen den Fokus auf die Schönheit des Gesichtes legt. Oder zum anderen Gefühlslagen zum Ausdruck bringt, z.B. fotografiert man nur lachende oder traurige Gesichter. Am besten man experimentiert zunächst einmal ein wenig herum und schaut sich anschließend die Resultate an. Im Porträtfall werden die Kinder also fotografiert und fotografieren nicht selbst. Bei anderen Themen soll der umgekehrte Fall gegeben sein, die Kinder sollen also fotografieren. Das Schöne daran ist, dass die Fotografie so viele Möglichkeiten bietet wie das Leben selbst. So könnte beispielsweise das Thema Tiere sehr interessant sein und man könnte viele Spaziergänge machen , um Tiere in der Natur auf die Linse zu bekommen oder man besucht einmal einen Bauernhof. Der Fotografie jedenfalls sind keine Grenzen gesetzt. Setzen sie sich mit den Kindern in einer gemütlichen Runde zusammen und überlegen sie gemeinsam welche Art von Themen interessant sein könnte, da kommt bestimmt einiges an Ideen zusammen.

Aus den fertigen Fotos können dann tolle Bildercollagen entworfen werden, die mit großer Sicherheit ein Augencatcher in ihren Räumlichkeiten sein werden. Zudem könnte man kleine Geschichten dazu schreiben, wie die Bilder entstanden sind. Benötigt wird für diese AG eine halbwegs gute Fotokameras, die auch für die Kinder einfach zu bedienen sind. Sie sollten allerdings nicht zu teuer sein, da bei Kinder ja auch immer mal aus versehen etwas kaputt gehen kann. Ein Computer mit Fotoprogramm wäre auch wünschenswert, aber nicht zwingend erforderlich. Richtig toll wäre natürlich ein Beamer, so dass man nach dem Fotografieren über gelungene und weniger gelungene Bilder diskutieren könnte. Ansonsten sollten sie viel Freude und Spaß mitbringen und die Kinder langsam aber sicher in die Materie des Fotografierens einweihen.

2.9. Natur-AG

Eine Natur-AG ins Leben zu rufen, ist eine ganz wunderbare Sache. Kinder der heutigen Generation verbringen in ihrer freien Zeit viel zu viel Zeit damit Fernsehen zu schauen, Computer zu spielen etc. anstatt sich draußen an der frischen Luft zu bewegen. Dabei ist gerade dies so unheimlich wichtig für eine wertvolle Entwicklung. Es ist wichtig, Kinder wieder an das Element Erde heranzuführen, an die Natur mit all ihren wunderschönen Ausprägungen. Eine Natur-AG bietet sich zu diesem Zweck besonders gut an. Diese sollte das ganze Jahr über statt finden, egal welches Wetter draußen tobt. Es findet sich ganz bestimmt bei jedem Wetter eine Möglichkeit das draußen sein, zu einem besonderen Moment zu gestalten. Die Eltern der Kinder sollten daher gut über die AG informiert werden, insbesondere bezüglich einer adäquaten Kleidung. So sollten die Kinder im Winter, bei Frost und Schnee ausreichend warme Kleidung an sich tragen, damit die Widerungsverhältnisse draußen auch ausgehalten werden können. Der Winter ist eine wundervolle Jahreszeit und wenn es dann sogar noch schneit, steht dem nichts mehr im Wege nach draußen zu stürmen. Zeigen sie den Kindern wie schön es sein kann im Schnee zu toben. Ziehen sie sich warm an und machen eine Schneewanderung , fahren sie mit den Kindern Schlitten oder bauen einen Schneemann. Machen sie vielleicht sogar einen kleinen Wettbewerb daraus, wer den schönsten Schneemann baut, bekommt einen kleinen Preis. Danach gehen sie wieder ins Warme und es gibt für alle eine Runde warmen Tee, das tut gut und man kann über das Erlebte reden. Klären sie die Kinder auf und stellen sie Fragen z.B. wo der Schnee herkommt und aus was er besteht, die Kinder werden ihnen garantiert Löscher in den Bauch fragen.

So hat jede Jahreszeit ihren ganz besonderen Reiz. Im Herbst z.B. könnten sie Drachen steigen lassen, tolle Spaziergänge machen und allerlei an Naturmaterialien wie z.B. Eicheln, Kastanien, Blätter, Tannenzapfen sammeln und etwas tolles daraus basteln. Im Frühling und im Sommer lockt das Wetter einen gerade dazu nach draußen zu gehen und man kann sogar kleine Wanderungen veranstalten. Machen sie dazu an einem bestimmten Ziel ein schönes Picknick und lassen sie es sich und den Kindern gut gehen. Besonders im Wald gibt es so vieles zu entdecken und zu hören und man kann eine Menge an naturwissenschaftlichen Dingen lernen. Machen sie doch zum Beispiel mal ein kleines Quiz über Tiere, Bäume und Pflanzen im Wald , das sorgt mit Sicherheit für eine Menge Spaß. Auch im Regen kann es draußen sehr reizvoll sein, man sollte allerdings einen Regenschirm mitnehmen. Ansonsten gibt es eigentlich gar kein schlechtes Wetter, sondern nur schlechte

Kleidung, aber diesbezüglich liegt es an ihnen einen Appell an die Eltern zu richten.

2.10. Vorlese-AG

Bei dem ganzen Trubel im Alltagsgeschehen ist es äußerst wichtig, dass Kinder auch mal die Gelegenheit haben, zur Ruhe zu kommen. Falls Sie daher noch keine Kuschelecke in ihrer Einrichtung eingerichtet haben, sollten Sie dies umgehend tun. Kinder sitzen den ganzen Vormittag in der Schule, in der OGS beispielsweise werden sie dann spätestens nach dem Mittagessen erneut bei den Hausaufgaben mit dem Schulstoff konfrontiert. Darüber hinaus darf man nicht vergessen, dass dies zum einen gerade für Schulanfänger enorm anstrengend sein kann, und zum anderen schleppen Kinder häufig noch ganz andere Sorgen, z. B. familiärbedingte (Trennung/Scheidung/häufiger Streit der Eltern, Geldnöte der Eltern, häufig wechselnde Lebenspartner der Mutter, einengende Lebenssituation etc.) Sorgen und Ängste mit sich herum. Daher ist es sehr wichtig, dass die Kinder auch einmal die Möglichkeit haben sich zurückzuziehen zu können, um ganz für sich allein zu sein.

Eine solche Wohlfühloase der Ruhe könnte man im Rahmen einer Vorlese-AG verwirklichen. Es herrscht während der AG absolute Stille, nur dem Klang des Lesers bzw. der Leserin wird gefolgt. Damit die daran interessierten Kinder während dieser Zeit auch wirklich die Gelegenheit bekommen, zur Ruhe und Besinnung kommen zu können, ist es wichtig, vorab eine gemütliche und wohlfühlende Atmosphäre zu schaffen. Richten Sie verschiedene Ecken im Raum ein, in denen man sich ausbreiten und gemütlich machen kann, z. B. mit Decken, Kuscheltieren, Kopfkissen etc. Dämpfen Sie das Licht ein wenig oder zünden Sie lediglich einige Kerzen an, vielleicht mag das ein oder andere Kind ja nicht nur die Seele baumeln lassen, sondern auch ein bisschen vor sich hin einschlafen, das ist alles erlaubt. Ebenso können Sie das Ausmalen von Mandalas oder Malen von Bildern währenddessen vorschlagen, aber unterhalten sollten die Kinder sich nicht.

Fragen Sie bzw. lassen Sie die Kinder abstimmen, auf was für eine Art von Buch sie Lust haben, z.B. eher Abenteuer, Liebe und Freundschaft, Phantasy-Welt oder eher etwas Lustiges. Haben Sie dies getan, so können Sie verschiedene Bücher aus diesem Bereich anbieten und nochmals abstimmen lassen. Die AG dauert dann so lange an, bis nach mehreren Wochen das Buch zu Ende vorgelesen wurde und ein neues an die Reihe kommt.

Sie können bei Interesse der Kinder aber auch mal auf Traumreise mit ihnen gehen und eine Traumgeschichte vorlesen und leise dazu im Hintergrund Musik laufen lassen. Ihnen werden hierzu bestimmt noch viele passende Ideen einfallen, phantasieren Sie einfach mal ein wenig herum und begeben sich auf eine wohltuende Reise mit den Kindern, voller Ruhe, Gelassen- und Geborgenheit. Viel Spaß dabei!

Das Kapitel AGs wäre damit abgeschlossen und ich hoffe, Sie konnten ein paar nützliche Tipps, Ideen und Anregungen daraus für sich und ihre Einrichtung mitnehmen. Bevor wir zum nächsten Kapitel „Projekte" kommen, möchte ich noch ausdrücklich darauf hinweisen, dass AGs, Projekte und sonstige Anregungen rund um das ganze Jahr nicht immer strikt voneinander getrennt werden sollten. Es ist nämlich so, dass man aus fast jeder AG immer auch ein tolles Projekt verwirklichen kann, sowie umgekehrt sich jedes Projekt in seiner Durchführungsphase auch als AG gestalten lässt. Dasselbe gilt für sonstige Anregungen. Man kann ganz einfach aus allem etwas ganz Großes, Tolles machen, wenn man denn nur will.

Abschließend hier noch einige Vorschläge für weitere AGs, auf die in diesem Buch nicht näher eingehen werde: Sport-AG, Yoga-AG, Zeichen-AG, Kunst-AG, Werk-AG, Rechen-AG, Computer-AG, Wissens-AG, Musik-AG etc.

3. Projekte

3.1. Zeichentrick-Musical

Beim Zeichentrick-Musical handelt es sich um ein Projekt, an dem alle Kinder teilnehmen können und welches eine riesige Menge Spaß und Freude mit sich bringt. Um dieses Projekt auf die Beine stellen zu können, müssen Sie keineswegs eine Gesangsausbildung oder ein Musikstudium abgeschlossen haben. Das Wichtigste ist, dass diejenige Person, die den Gesangschor anleitet, einfach große Freude am Singen hat, ob gut, mittelmäßig oder schlecht, ganz egal.

Des Weiteren wäre es vorteilhaft, wenn Sie eine gewisse Leidenschaft für Zeichentrickfilme in sich bergen, denn die Soundtracks dieser sollen beim Musical gesungen werden. Das heißt nicht, dass Sie sich Zeichentrickfilme anschauen sollen, sondern lediglich, dass es schön wäre, wenn Sie für derartige Lieder, wie z. B. die der Gummibärenbande, zu begeistern wären. Lassen Sie alte Kindheitserinnerungen wieder in sich aufblühen und begeben sich mit den Kindern auf eine Reise in die verzaubernde Welt der Zeichentrickfiguren, die Kinderaugen werden garantiert funkeln, strahlen und leuchten.

Ich habe lange überlegt, welche Art von Liedern man mit Kindergarten- und Grundschulkindern singen könnte und kann aus Erfahrung berichten, dass die Lieder der Zeichentrickfilme auf pure Begeisterung bei den Kindern stoßen und am Ende letztlich jeden dazu animieren, mitzumachen. Auf die herkömmlichen Kinderlieder hatten die Kinder keine Lust, und Songs aus den aktuellen Charts gefielen ihnen zwar sehr gut, aber es würde aufgrund des Schwierigkeitsgrades an der Umsetzung scheitern. Voraussetzung für dieses Projekt ist also, dass möglichst viele, am besten natürlich die ganze Gruppe an diesem Projekt als Sänger teilnehmen.

Schön wäre es zudem, wenn einer aus ihrem Kollegium ein Musikinstrument z. B. Gitarre, Klavier oder Keyboard als musikalische Begleitung, spielen könnte. Ist dem nicht so, dann könnten Sie natürlich auch die Soundtracks ohne Gesang im Hintergrund spielen lassen.

Denken Sie sich zu jedem Lied synchrone, einfache Bewegungen aus und verkleiden Sie jeweils ein Kind entsprechend der Zeichentrickserie als Zeichentrickfigur, z. B. als Regina Regenbogen.

Seinen Höhepunkt soll das Ganze in einer großen Vorführung finden und ich kann ihnen garantieren, das Publikum wird begeistert sein. Trauen Sie sich etwas zu und nehmen das Projekt voller Elan in die Hand, animieren Sie ihre Mitarbeiter und lassen Sie die Kinder in eine Welt voller Zauber und Magie eintauchen. Wenn Sie immer ganz fest an ihr Projekt glauben und daran festhalten, kann es nur ein großer Erfolg werden. Seien Sie zudem nicht bescheiden und laden Sie ruhig einmal die Presse oder das Fernsehen ein und machen Sie auf ihre einzigartige pädagogische Einrichtung positiv aufmerksam.

Im Folgenden werde ich ihnen die Songtexte verschiedenartiger Zeichentrickfilme zur Verfügung stellen, die Kinder werden diese lieben, garantiert. Wie Sie das Ganze letztlich umsetzen, bleibt ganz ihnen überlassen. Ich kann Ihnen nur den Ratschlag geben, seien Sie mit viel Herz und Freude bei der Sache und lassen ihrer Phantasie gänzlich freien Lauf.

Beispielhaft stelle ich ihnen an dieser Stelle den Text der Zeichentrickserie „Es war einmal das Leben" zur Verfügung. Daneben eignen sich z.B. auch die Gummibärenbande, Chip und Chap, die Glücksbärchis, Biene Maja, Bibi Blocksberg, Alfred J. Quak etc. Viel Erfolg!

Es war einmal das Leben

Es ist schön das Leben, es ist schön, so wunderschön, das Leben.

Spürst du es in dir,
das schöne Leben mit seiner Kraft,
fühl wie es pulsiert,
in dir und mir Tag und Nacht,
halt es fest in deinem Herzen,
fühl die Wärme und das Licht,
und genieß die Sonne,
die uns fröhlich lacht ins Gesicht.

Es ist schön das Leben, es ist schön, so wunderschön, das Leben.

Spürst du es in dir,
wie uns das Leben erfüllt mit Glück,
Wir alle sind hier,
zum Leben unser Geschick,
sing ein Lied, vergiss die Sorgen,
wenn ein Tag zu Ende ist,
komm vertrau auf Morgen,
weil das Leben es uns verspricht.

Es ist schön das Leben, es ist schön, so wunderschön, das Leben.

Spürst du es in dir,
das schöne Leben, das Hoffnung gibt,
sing das Lied mit mir,
auf das Leben und auf das Glück.

Es ist schön das Leben, es ist schön, so wunderschön, das Leben.
(3x hintereinander)

70

©procidis

©procidis

Weitere geeignete Songtexte wären z. B. diejenigen aus den Zeichentrick-filmen Alvin and the chipmunks, Mila, Ghostbusters, Tom & Jerry, Regina Regenbogen, die Schlümpfe, Calimero, The Lion King (Hakuna Matata), DuckTales, Arielle, Dschungelbuch (Versuch's mal mit Gemütlichkeit) und viele weitere.

3.2. Brieffreundschaften

Einen Brieffreund oder eine Brieffreundin zu haben ist etwas ganz besonderes, insbesondere in Zeiten der vielfältigen Möglichkeiten des Internets. Daher muss man Kinder, die gerade erst einmal Schreiben und Lesen lernen, dazu anreizen, dies auch in ihrer freien Zeit zu tun.

Es sprechen mehrfache Gründe dafür, Brieffreundschaften aufzubauen. Zum einen weckt es das intrinsische Interesse der Kinder am Schreiben und Lesen und zum anderen sind viele Kinder, wenn auch umgeben von zahlreichen weiteren Kindern, in sich allein tiefgründig traurig, weil sie einsam sind. Bereits im Kindergartenalter beginnen Jungen und Mädchen, sich ihre Freunde gezielt auszusuchen, wobei dies zumeist durch Medieneinfluss und die sozial-emotionale Prägung durch das Elternhaus mit beeinflusst wird. Kinder sagen ganz klar, was sie denken, so dass häufig auch verletzende Botschaften an andere Kinder gerichtet werden. Man kann fast schon behaupten, dass bereits Kinder dem Mobbing alle Ehre machen. Vor allem Kinder mit besonderen Auffälligkeiten, wie z. B. Übergewicht, krumme Nase etc., Sprachstörungen, hyperaktive Kinder etc., sind zumeist von Hänseleien der anderen betroffen. Selbst der Gruppenclown, über den sich fast alle herrlich kaputt lachen, wenn er wieder einmal gegen eine Regel verstößt oder sonstigen Schabernack treibt und damit alle zum Lachen bringt, kann in seinem Herzen tieftraurig sein, weil in Wirklichkeit niemand da ist, der mit ihm spielen möchte.

Kinder freuen sich ungemein, wenn sie Post erhalten, noch viel mehr, wenn diese auch wirklich an sie gerichtet ist. Einen Brief, der nur für einen allein bestimmt ist und den man selbst öffnen darf, das ist schon etwas ganz Besonderes. Vielleicht kommt er ja auch von ganz weit her und eine Freundschaft für's Leben entwickelt sich daraus. Sie haben es in diesem Falle in der Hand etwas Tolles aus dieser Gelegenheit zu machen.

Beispielsweise könnten Sie Kinder ab acht Jahren mit Absprache der Erziehungsberechtigten beim Letternet der Deutschen Post anmelden. Es handelt sich hierbei um den größten Brieffreunde-Club der Welt, mit Mitgliedern aus über 140 unterschiedlichen Ländern.[39] Motivieren Sie die einzelnen Kinder und unterstützen Sie sie beim Briefe schreiben. Geben Sie ihnen Anregungen zu den Inhalten, was sie schreiben oder vielleicht auch malen könnten. Gestalten Sie mit den Kindern das Briefpapier selber, machen Sie

---

[39] Vgl. http:/www.letternet.de/web/friends/home.

ganz einfach etwas Besonderes daraus. Oder beginnen Sie eine Brieffreund-
schaft mit der ganzen Gruppe. Ihr könntet ja z. B. Briefe mit einer anderen
OGS von weiter weg schreiben oder ihr stellt Briefkontakt zu einer Schule
aus dem Ausland her. Recherchieren Sie diesbezüglich ganz einfach mal Internet: dort werden zahlreiche Kontaktdaten von Schulen, die Brieffreundschaften suchen, angegeben. Knien Sie sich in diese Arbeit richtig rein, denn
es könnte etwas ganz Wunderbares dabei herauskommen. Vielleicht könnte
man ja sogar nach mehreren Briefwechseln ein Treffen herstellen … dem
Ganzen sind einfach keine Grenzen gesetzt und man begibt sich dabei auf
eine aufregende und bestimmt auch überraschende Reise. Probieren Sie es
aus!

3.3. Kindergärtnerei

Jede Schule und ganz bestimmt auch ihre hat u. a. einen Schulhof. Meist jedoch ist das Gelände ziemlich groß und in der ein oder anderen Ecke ver-
birgt sich ein Stück Wiese oder Acker, welches vom Prinzip her unzweck-
mäßig vor sich hin weilt. Wenn Sie bei sich an der Schule auch so ein unver-
hofftes kleines Stückchen Natur haben, auf dem das Unkraut wütet wie mehr
denn je, dann fragen Sie die Schulleitung doch einfach mal ganz lieb, ob sie
dieses Fleckchen nicht für eine Gärtnerei der OGS nutzen dürften. Lassen
Sie die Kinder ein spannendes, ereignisreiches und auch lehrreiches Garten-
abenteuer erleben. Lassen sie sie die Vielfalt der Pflanzenwelt ertasten, fühlen, riechen und schmecken.

Da für die Kinderseele beim ersten Gärtnern Erfolge wichtig sind, sollte
man nur schnellwüchsige und robuste Blumensorten und Gemüsearten kulti-
vieren. Dazu zählen z. B. einjährige Blumen für die Aussaat im Mai wie Re-
seda, Winde, Klarkie, Mädchenauge und Schleifenblume. Unter den Gemüsearten haben Kinder wenige Schwierigkeiten mit Pflück- und Schnittsala-
ten, Karotten und Radieschen.[40] Hier nun einige Anregungen, wie Sie die
Kinder an das Thema Pflanzen heranführen könnten. Viel Spaß, probieren
Sie es aus!

---

[40] Vgl. http:/www.gartenmax.de/kinder-garten.html.

3.3.1. Bestimmungsspiel Pflanzen

Viele Pflanzen, denen du auf dem Gelände begegnest, kennst du, andere sind dir unbekannt. Es gibt viele verschiedene Möglichkeiten, Pflanzen kennen zu lernen.

Hier kannst du mit Hilfe eines Spieles zusammen mit deinen Mitschülerinnen und Mitschülern Pflanzen kennen lernen, entdecken und deine Kenntnisse über Pflanzen spielerisch erweitern.

Die Spielvorbereitung und die Spielleitung (Schiedsrichter) erfolgt durch eine Tischgruppe. Die übrigen Mitglieder der Klasse nehmen am Spiel teil.

Spielvorbereitung: Sammelt Blätter, Blüten und Samen von Bäumen und Sträuchern, die ihr sicher kennt. (Wenn es erforderlich sein sollte, müsst ihr ein Bestimmungsbuch zu Hilfe nehmen.) Ihr braucht etwa 10 Teile.

So führt ihr das Spiel durch:

1. Schritt: Die übrigen Mitglieder der Kerngruppe (also diejenigen, die nicht in der Vorbereitungsgruppe waren) bilden zwei gleich große Gruppen, die sich mit einem Abstand von 10 Meter einander gegenüber aufstellen.

2. Schritt: Legt die Dinge, die bestimmt werden sollen, in einer Reihe in die Mitte zwischen den beiden Gruppen auf den Boden.

3. Schritt: Beide Gruppen zählen nun durch, so dass es in jeder Gruppe einen Spieler mit der Nummer eins, zwei, drei usw. gibt.

4. Schritt: Wenn die Gruppen bereit sind, nennt eine Person aus der Vorbereitungsgruppe den Namen eines Baumes oder Busches, zu dem eines der Pflanzenteile auf dem Boden gehört und ruft eine Zahl, z. B. so: „Die nächste Pflanze ist eine Buche und die Zahl ist vier!" Sobald die zwei „Vierer" ihre Zahl hören, rennen sie in die Mitte und versuchen, das Teil von der Buche zu finden. Der Gewinner erhält zwei Punkte für seine Gruppe; hebt jemand etwas Falsches auf, so verliert die Gruppe zwei Punkte. Anschließend gehen die beiden wieder zurück in ihre Gruppe.

5. Schritt: Wiederholt den 4. Schritt so lange ihr Lust habt oder bis eine Gruppe eine vorher festgelegte Punktzahl erreicht hat oder ...**Wechselt** die Schiedsrichtergruppe und wiederholt das Spiel.

Notiert schon mal, welche Pflanzen ihr durch das Spiel kennen gelernt habt. – Seid ihr neugierig geworden, welche Pflanzen es in eurer Umgebung noch gibt, wie sie aussehen und heißen? – Überlegt euch, wie ihr mehr darüber erfahren könnt.[41]

3.3.2. Die Blüte

© www.kidsweb.at

Bemale!

Blütenblätter – rot
Kelchblätter – grün
Staubgefäße – braun
Stempel – gelb

---

[41] Vgl. http:/hypersoil.uni-Münster.de1/01/pdf/Pflanzen/1.08/pdf.

Beschrifte die Teile des Stempels!

Narbe – N
Griffel – G
Fruchtknoten – F

Setze die passenden Begriffe aus dem Kästchen ein!

Insekten (vor allem _____) werden vom süßen Duft
und der leuchtenden Farbe der Blüten angelockt.
Sie saugen aus den Blüten den süßen _____.
Dabei bleibt _____ von den Staubgefäßen an ihrem
Leib und ihren Beinen hängen.
Diesen streifen sie bei der nächsten Blüte an deren
_____ wieder ab. So kann der Blütenstaub, der auch
Pollen genannt wird, den _____ befruchten.
Dadurch reifen im Fruchtknoten die _____ und die
Blume kann sich vermehren.

Samen – Nektar – Blütenstaub – Bienen – Narbe – Fruchtknoten[42]

---

[42] Vgl. Ritschka, Katja.

3.3.3. Das Frühlingsblumen-Memory zum selber basteln

Die Primel   Das Veilchen   das Leben-Blümchen   das Schneeglöckchen

Der Krokus   Die Tulpe   Das Gänseblümchen   Die Forsythie

**Die Himmelschlüssel Das Palmkätzchen Der Huflattich Die Frühlings-
Knotenblume**

Das Stiefmütterchen   Der Märzenbecher[43]

---

[43] Vgl. Reiter, Christine.

3.4. Schreib- und Malwettbewerb

Die Deutsche Post bietet das ganze Jahr über Schreib- und Malwettbewerbe an, an denen jeder teilnehmen kann. Im Moment z. B. ist das Thema „Mein erster Brief" vorgegeben und euren Einfällen dazu sind keine Grenzen gesetzt. In der Regel kann man sich die Themen, zu denen gemalt und geschrieben werden soll, gänzlich selbst ausdenken, es sei denn das Thema ist strikt auf der Homepage der Deutschen Post vorgegeben. Ich kann hier nur ganz stark an ihren Willen und ihre Wettbewerbsbegeisterung appellieren, denn mitmachen lohnt sich in jedem Fall und wenn man sich etwas ins Zeug legt, stehen die Chancen auch gut, einen der ersten drei Plätze beim Wettbewerb zu belegen.

Ich selber habe im Abstand einiger Monate drei Mal mit den Kindern am Wettbewerb teilgenommen, davon haben wir einmal gewonnen und zweimal den zweiten Platz gemacht. Als Hauptgewinn haben wir ein tolles Bücherpaket im Wert von 100 Euro gewonnen. Die Bücher waren wirklich tolle Klasse und alle Kinder waren bei Verkündigung der frohen Nachricht außer Rand und Band. Momentan gibt es sogar noch mehr zu gewinnen: Der erste Platz erhält Briefpapiersets inklusive Umschläge, sowie ein Bücherpaket im Klassensatz; der zweite Platz erhält exklusive Stiftesets und ein Bücherpaket im Klassensatz und der dritte Platz erhält ein Bücherpaket im Klassensatz, na wenn das mal nichts ist?! Zudem erhält jedes Kind, das teilgenommen hat, das kleine Postbüchlein und die ersten drei Plätze werden mit einer sehr netten Beschreibung von der Deutschen Post im Internet auf der Homepage in einer Ausstellung veröffentlicht.[44]

Schön wäre es natürlich, wenn möglichst viele Kinder beim Wettbewerb mitmachen würden, aber ich kann ihnen nur raten, lassen Sie nur Kinder teilnehmen, von denen Sie auch sicher wissen, dass sie Durchhaltevermögen haben und eifrig bei dem Projekt dabeibleiben, sonst macht das ganze recht wenig Sinn. Sie werden ihre Kinder ja schließlich am besten kennen und gegebenenfalls einigen ins Gewissen sprechen, denn von selber kommt nichts.

Natürlich soll der Wettbewerbsbeitrag nicht an einem Tag dahingekrakelt werden, sondern lassen Sie sich ruhig Zeit damit. Niemand hetzt Sie oder setzt Sie unter Druck, die Beiträge können das ganze Jahr über versandt werden. Üben Sie auch keinesfalls Druck auf die Kinder aus, sie sollen nur verstehen, dass man sich für so einen Beitrag recht viel Mühe geben muss, da

---

[44] Vgl. www.deutschepost.de/dpag?xmlFile=link1015257_1302.

sehr viele Schulen am Wettbewerb teilnehmen und die Chancen damit schwinden. Entscheiden Sie immer je nach Lust und Situation, ob Sie am gegebenen Tag mit dem Projekt weitermachen oder mal einen Tag Pause machen, wenn Sie merken, heute ist nichts mit den Kindern anzufangen – immerhin sollen sie ja mit großer Freude bei der Sache sein. Wichtig ist, dass alle Kinder zum gleichen Thema malen und schreiben. Sprechen Sie sich vorher ab, wer lieber schreiben oder malen möchte, oder vielleicht auch beides, und überlegen Sie sich mit den Kindern zusammen in einer gemütlichen Runde ein passendes Thema aus. Ihre Phantasie sind hier wirklich keinerlei Grenzen gesetzt.

Malen oder schreiben Sie beispielsweise etwas zum Thema Märchen, Walt Disney, Tier- und Pflanzenwelt, Länder und Kontinente, Freizeitaktivitäten, Sport, Urlaub, Wasser, Unterwasserwelt, Freundschaften, Gesichter (lachend, traurig, nachdenklich, grimmig etc.), Familien, Themen entsprechend der Jahreszeit, z. B. Karneval, Muttertag, Valentinstag, Ostern, Sommerferien, Herbst, Halloween, St. Martin, Nikolaus, Weihnachten, Träume und Wünsche etc. Was auch immer Sie sich überlegen, ganz egal, aber Sie müssen mir versprechen auf jeden Fall zumindest einmal am Wettbewerb teilzunehmen, das ist ganz einfach ein Muss. Denn wenn Sie das Ganze gut durchplant und strukturiert angehen und die Kinder zur freudigen Teilnahme motivieren können, dann fehlt nur noch ein Funken Glück und sie werden ganz sicher einen der ersten drei Plätze machen.

Es muss aber nicht nur der Schreib- und Malwettbewerb der Deutschen Post sein, an dem Sie mit den Kindern teilnehmen. Es gibt hundertfache Malwettbewerbe, an denen Kinder teilnehmen können, sie müssen nur ordentlich recherchieren. Manchmal genügt es auch lediglich, die Augen beim Einkaufen etwas offener zu halten, denn sehr häufig sind auf Produkten für Kinder Wettbewerbe ausgezeichnet, z. B. auf Lebensmitteln, aber auch auf Pflegeartikeln. Da winken meist sehr nette Gewinne und eine Teilnahme lohnt sich so oder so in jedem Fall, denn auch wenn's mit dem Gewinn mal nicht klappen sollte, Vorfreude ist und bleibt schlichtweg die schönste Freude.

3.5. Mini-Playback-Show

Ich gehe mal ganz fest davon aus, dass so gut wie fast jedes Kind die Min-Playback-Show aus dem Fernsehen kennt und das ein oder andere Kind beim Zuschauen sicherlich schon einmal davon geträumt hat, einmal im Leben wie ein kleiner Star auf der Bühne bejubelt zu werden. Das Projekt Mini-Playback-Show macht's nun möglich. Ich selber habe dieses Projekt durchgeführt und kann nur sagen, es lohnt sich auf alle Fälle, auch wenn aller Anfang schwer ist.

Nun ein paar Anregungen, wie Sie das Ganze auf die Beine stellen könnten. Zunächst einmal fragen Sie ab, wer überhaupt Interesse hätte, an dem Projekt teilzunehmen. Am schönsten wäre natürlich die ganze Gruppe, das ist verdammt aufregend. Im nächsten Schritt setzt man sich gemütlich zusammen und hört bis zum Umfallen Musik. Organisieren Sie sich die aktuellen Top 100 Charts, mit etwas anderem brauchen Sie erst gar nicht um die Ecke kommen, denn die Kinder kennen sich meistens, auch wenn man es nicht glauben mag, in ihrem zarten Alter besser mit der aktuellen Musiklage aus als man selber, das kann schon ganz schön peinlich werden.

Gedacht ist, dass immer ein bis drei Kinder vorne Playback singen und die restlichen Kinder die Hintergrundtänzer und Musiker darstellen. Zuerst muss also herausgefunden werden, welche Kinder welches Lied singen werden, daher auch das Musikanhören. Ist dies geschehen, so brennen Sie die Lieder der Reihe nach, wie sie abgespielt werden sollen, auf eine CD, am besten mit steigenden Höhepunkten der Liederauswahl. Nehmen Sie immer nur die Hälfte an Zeit eines Liedes und brennen Sie die Lieder mit einem netten Übergang als Ganzes zusammen; ein jeweils komplettes Lied würde auf die Zeit zu langatmig. Lassen Sie die Kinder zunächst einmal für sich allein proben; schön wäre es hier, wenn jedes Kind die entsprechende CD bekäme, damit es nach Lust auch zuhause üben kann, und das wollen die meisten Kinder nämlich. Sinn der Mini-Playback-Show ist es nicht, wie bei der Tanz-AG, dass etwas vorgegeben wird und man es mit den Kindern einprobt, sondern bei diesem Projekt sollen die Kinder sich untereinander absprechen, Ideen austauschen und abstimmen und etwas Eigenes auf die Beine stellen.

Natürlich stehen Sie während der Proben immer unterstützend und ratsam zur Seite, sonst gäbe das alles natürlich nichts. Helfen müssen Sie in jedem Fall bei den Übergängen, das ist nämlich meist etwas schwieriger. Überlegen Sie sich also etwas Nettes, wie die Sänger die Bühne beim Liedwechsel verlassen und wieder zum Hintergrundtänzer oder Musiker werden sollen. Ebenfalls können Sie den Tänzern raten bei jedem Lied ihre Gesamtposition beim Tanzen zu ändern, z. B. mal eine gerade Linie, einen Kreis, einen Halbkreis oder ein V formen, oder aber auch ganz individuelle Positionen – probieren Sie es gemeinsam aus.

Ganz wichtig ist, dass Sie die Kinder tatkräftig unterstützen und in ihrem Tun bestärken und ermutigen, denn es gibt sehr selbstbewusste Kinder, die sich ohne Probleme auf die Bühne stellen und singen, aber es gibt auch sehr schüchterne Kinder, die zwar unbedingt mitmachen wollen, aber etwas Anlaufschwierigkeiten; da kommen also Sie ins Spiel.

Nach einigen Monaten Proben muss die Show unbedingt vor Publikum aufgeführt werden, anderenfalls wäre es eine wirkliche Schande, diese kleinen Talente nicht zu präsentieren. Gestalten Sie ein gigantisches Bühnenbild mit tollen Lichteffekten und ziehen Sie die Kinder an, wie kleine Stars, ich garantiere es wird ein voller Erfolg!

4. Kunterbunte Anregungen quer durch's ganze Jahr

4.1. Besuch im Altersheim

Nicht nur für Kinder, sondern ganz bestimmt auch für Erwachsene sind die Großeltern etwas ganz Besonderes. So ne typische Omi zu haben ist schon etwas Tolles: man wird von vorne bis hinten verwöhnt, genießt die leckeren Kochrezepte und fühlt sich in ihrer Gegenwart einfach rundum wohl. Doch nicht alle Kinder kommen in diesen Genuss von Wärme und Fürsorge von Oma und Opa. Dabei ist unter anderem gerade der Kontakt zu dieser Generation enorm wichtig für Kinder. Einige Grundschulen haben bereits den Vorsprung gemacht, indem sie Kontakt zu Altenheimen hergestellt haben. Dies ist, wie ich finde eine klasse Idee und alle Beteiligten, sowohl die Kinder als auch die älteren Menschen kommen dabei auf ihre Kosten. Also fackeln Sie nicht lange und schlagen Sie einem Altenheim in ihrer Nähe doch einmal vor, gemütliche Spielnachmittage zu veranstalten. Diese sollten immer in einer Kleingruppe von 5 bis 7 Kindern stattfinden, die entweder die gleiche Anzahl von älteren Menschen in ihrem Altersheim besuchen oder vielleicht auch mal umgekehrt. So einen Nachmittag könnte man richtig nett gestalten, man trinkt beispielsweise zusammen Tee und isst Kekse, tauscht sich aus und spielt gemeinsam Gesellschaftsspiele oder geht zusammen spazieren. Eine solche Idee zeigte bei den beteiligten Schulen vollen Erfolg und sowohl die Kinder als auch die älteren Menschen haben einen riesengroßen Spaß an den gemeinsamen Nachmittagen und freuen sich jedes Mal auf den nächsten Spielenachmittag. Also seien Sie kreativ, trauen sich etwas und legen los!

4.2. Haribo-Aktion

Die Firma Haribo veranstaltet jedes Jahr im Herbst in Bonn Bad-Godesberg ein richtig tolles Event, an dem alle teilnehmen können. Und zwar können Kinder und Erwachsene Eicheln und Kastanien sammeln und diese dort abgeben. Als Gegenwert erhält man entsprechend der Menge an abgelieferten Kastanien und Eicheln eine faire Menge an Haribo. Die Eicheln und Kastanien kommen den Rehen des Betriebes als Wintervorrat zu Gute, die Sache ist also somit noch für einen guten Zweck. Ich selber habe mehrere Male mit den Kindern an der Haribo-Aktion, wie ich sie nenne, teilgenommen. Die Kinder waren jedes Mal überaus motiviert, für die Tiere Futter zu sammeln und umso größer war die Freude, als es als Gegenwert dann auch noch lecker Haribo dafür gab. Man darf sich jedoch nicht vertun, man muss schon kräftig sammeln, dass man auch ein paar Tüten Haribo erhält. Dies muss man auf jeden Fall auch den Kindern klar machen, denn nichts kommt auch hier nichts. Drei, vier Tüten Eicheln reichen also nicht aus, es muss schon etwas mehr sein, damit man auch eine große Menge Haribo für alle Kinder erhält. Kinder denken nämlich oft, wenn sie ein paar Eicheln oder Kastanien gesammelt haben, gibt es direkt im Gegenwert mehrere Tüten Haribo. Dem ist natürlich nicht so, also klären Sie die Kinder im Voraus gründlich auf. Ich jedenfalls würde jedes Jahr wieder daran teilnehmen, es macht einfach riesigen Spaß und lohnt sich auf alle Fälle. Also ran an's Sammeln!

4.3. Rallye

Kinder haben an Wettbewerbssituationen unheimlichen Spaß, davon abgesehen sind derartige Situationen von enormer Bedeutung für die weitere Entwicklung des Kindes. Ich habe mit den Kindern schon mehrere Rallyes veranstaltet und es ist wirklich verblüffend, wie man mit einfachen Einfällen ohne großen Aufwand Kinderherzen zum Erleuchten bringen kann. Insbesondere Kinder, die beispielsweise oft als Störenfriede oder hyperaktiv abgestempelt werden oder womöglich in der Schule nur schlechte Noten erhalten, insgesamt immer negativ auffallen und somit nur negative Feedbacks von Lehrern, Eltern, Erziehern, Sozialpädagogen etc. bekommen, können bei der Rallye richtig absahnen. Sie können hier Qualitäten zeigen, auf die unter Umständen sonst kein wesentlich großer Wert gelegt wird.

Eine sportliche Rallye kann sowohl in der Sporthalle, als auch draußen auf dem Schulhof veranstaltet werden. Und zwar geht es darum, welches Kind die Rallye in der kürzesten Zeit bewältigen kann, so dass von jedem teilnehmenden Kind die gelaufene Zeit gestoppt und schriftlich festgehalten wird. Natürlich wollen die Kinder mehrere Male laufen, um ihre gelaufenen Zeit möglichst zu verbessern und die anderen Kinder in ihrem Tempo schlagen zu können. Als Parcours eignet sich besonders gut der Schulhof, da hier in der Regel viele Geräte aufgebaut sind.

Und so könnte die Rallye dann beispielsweise aussehen. Anweisung: „Laufe zur Rutsche und rutsche einmal hinunter. Hüpfe daraufhin auf zwei

Beinen zur Schaukel und klettere einmal über diese. Anschließend renne zum Klettergerüst und klettere einmal über dieses. Zu guter Letzt berühre den größten Baum auf dem Schulhof und renne ins Ziel. Dies sollte nur ein Beispiel darstellen, je nach Geräten und Fläche auf dem Schulhof können sie die Rallye nach belieben variieren.

Damit das ganze auch noch einen weiteren Anreiz bekommt, stellen Sie anschließend eine kleine Siegerehrung auf die Beine, bei welcher natürlich jeweils die Kinder mit der best gelaufenen Zeit in entsprechender Reihenfolge gekürt werden. Die Preise können kleine Süßigkeiten oder auch Poster sein. Das Bundesministerium für Umwelt, Naturschutz und Reaktorsicherheit schickt kostenlos Tierposter, die wirklich wunderschön sind. Lassen Sie sich einfach etwas Nettes einfallen. Zum Beispiel können Sie vorab auch kleine Urkunden basteln, das verleiht dem Ganzen noch das gewisse Etwas. Na dann, auf die Plätze, fertig los!

4.4. Modenschau

Eine Modenschau kann Groß und Klein richtig große Freude bereiten und das Schönste ist, die Kinder können mal ganz allein etwas Tolles auf die Beine stellen. Voraussetzung für eine Modenschau sind natürlich eine Menge Anziehsachen, von Hosen, Röcken, Kleidern, Anzügen, Jacken etc. bis zu ausgefallenen Hüten und Schuhen, sowie Accessoires. Wenn Sie also noch keine Verkleidungsecke in ihrer Gruppe eingerichtet haben sollten, sollten Sie dies nun schleunigst tun. Wenn man sich ein bisschen schlau anstellt, bedarf dieses auch recht wenig Geld. Geben Sie beispielsweise einen Elternbrief heraus, indem Sie ihr Anliegen erläutern und fragen Sie nach, ob eventuell nicht mehr benötigte Kleidungsstücke für die Verkleidungsecke gespendet werden.

Da kommt meistens eine ganze Menge an Klamotten zusammen, denn fast jeder hat etwas zum Anziehen zuhause, was nicht mehr getragen wird. Besonders amüsant ist das Ganze, wenn die Anziehsachen für die Kinder viel zu groß sind, das sieht wirklich ulkig aus und die Kinder haben ihren Spaß. Geben Sie den Kindern für die Vorführung nur einige Vorgaben, z. B., dass sie eine Ansagesprecherin oder einen Ansagesprecher auswählen müssen und dass sie sich für die einzelne Präsentation der Kleidungsstücke verschiedenartige Musikstücke für den Hintergrund aussuchen müssen. Ansonsten überlassen Sie die Kinder mal ganz sich selbst und stehen lediglich unterstützend und ratsam zu Verfügung. Am Ende sollten Sie die Kinder die Modenschau natürlich aufführen lassen, ansonsten wäre dies wirklich zu schade, denn immerhin gibt es keine Modenschau ohne Publikum. Na dann, Showtime!

4.5. Karnevalsparty

Fast alle Kinder lieben Karneval, so dass es an Karneval auf jeden Fall eine Karnevalsparty geben sollte. Planen Sie diesen Tag genauestens durch, damit er für die Kinder zu einem unvergesslichen Ereignis werden wird. Erlauben Sie den Kindern, sich verkleiden zu dürfen und bieten Sie ihnen an, sie nach Belieben zu schminken. An solch einem besonderen Tag sollte zudem mal ausnahmsweise für alle selber gekocht werden, also lassen Sie sich ein leckeres Karnevalsbuffet einfallen und backen zum Nachtisch beispielsweise Karnevalskrapfen.

Natürlich gibt es kein Karneval ohne Kamelle und bei so vielen Kindern muss da schon eine ganze Menge zusammen kommen. Ich weiß selber, dass das zur Verfügung stehende Geld für solche Anlässe meist zu knapp ist, aber lassen Sie den Kopf nicht hängen, seien Sie einfallsreich. Schlendern Sie ganz einfach mal durch die Stadt und grasen alle Geschäfte ab, schildern Sie ihr Anliegen, dass Sie für ihre Party Kamelle benötigen, und auch wenn viele nichts geben werden, wird es trotz allem die ein oder andere gute Seele geben, die gerne bereit sein wird, etwas beizusteuern. Ich jedenfalls habe diese tolle Erfahrung gemacht und war total überrascht, wie großzügig so mancher Mensch doch sein kann. Schmeißen Sie die Kamelle jedoch nicht einfach so in der Gegend herum, sondern veranstalten Sie eine richtige Karnevalsshow. Holen Sie die Kinder einzeln nach vorne und lassen Sie etwas vorführen, z. B. könnten sie pantomimisch ein Tier oder einen Beruf nachmachen, einen Witz erzählen oder womöglich sogar eine Büttenrede halten. Anschließend sollten alle Kinder wie verrückt applaudieren und jedes Kind, das etwas vorgeführt hat, darf sich vom aufgebauten Kamellestand etwas Schönes aussuchen. In jedem Fall sollte es natürlich auch ein Nachmittagsbuffet mit vielen Knabbereien geben. Abschließend eignen sich noch Spiele, wie beispielsweise Stopptanzen, da machen einfach alle mit. Also dann, Kölle Alaaf!

4.6. Halloweenparty

Halloween stammt zwar ursprünglich aus den USA, aber es setzt sich mehr und mehr auch in Deutschland durch, so dass auch die Kinder von Halloween nicht unberührt bleiben und beispielsweise in den Supermärkten die verschiedenen Gruselartikel sehen, die es so zu kaufen gibt. Über eine Halloweenparty freuen sich einfach alle Kinder und Sie brauchen sich auch keine Sorgen machen, dass zum Beispiel muslimische Eltern etwas dagegen haben könnten, im Gegenteil sie freuen sich, das man einen schönen Tag für ihre Kinder veranstaltet. Schminken Sie die Kinder also extrem gruselig, lassen Sie sie sich verkleiden und teilen Sie sie in zwei Gruselgruppen ein z. B. die gefährlichen Zombies und die blutigen Vampire. Den Namen sollen die zwei Gruppen, die gewählt werden müssen, sich natürlich selber ausdenken. Auch an diesem Tag sollte selber gekocht werden, aber in diesem Fall dürfen sich die Gruselgruppen Tage im Voraus selber ausdenken, was sie essen möchten. Für welches Gericht sie sich auch immer entscheiden werden, ganz egal, auf jeden Fall muss es gruselig aussehen, also beispielsweise Nudeln mit Lebensmittelfarbe einfärben. Im Internet gibt es hierfür zahlreiche Gruselrezepte, stöbern Sie einfach mal etwas herum, da wird sich bestimmt ein richtig gruseliges Menü finden lassen.

Sie können aus der Halloweenparty auch ein besonderes Event machen, indem Sie das Ganze zum Beispiel das Schlag den Raab-Halloweenspecial nennen. Das hieße in diesem Fall, dass die Kinder in ihren Gruselgruppen in verschiedenen Kategorien gegeneinander antreten und dabei kleine Preise gewinnen können. Mögliche Kategorien wären zum Beispiel Sackhüpfen, Eierlaufen mit Glupschaugen von Trolli, Wettessen, wer baut den höchsten Turm aus Bauklötzen auf Zeit, Wettlesen, wer schafft es am längsten nicht zu lachen oder den ausgestreckten Arm oben zu halten etc.

5. Schlusswort

Ich hoffe nun, dass Sie mit meinen Anregungen, Vorschlägen, Tipps und Ideen etwas anfangen konnten und in erster Linie hoffe ich natürlich, dass Sie jetzt voller Tatendrang sind und etwas in ihrer Gruppe verändern wollen, den Kindern, Eltern und ihnen selber zur Liebe. Wenn man mit viel Liebe und Wärme an die Arbeit geht, mit der Einstellung, dass man einfach aus jedem einzelnen Tag etwas Wunderschönes zaubern kann, dann würden Sie sich wünschen, niemals eine andere Tätigkeit ausgeübt zu haben. Die Zeit ist in keinem Fall niemals zu spät, etwas in positiver Richtung zu verändern und mit Engagement und positiver Lebenseinstellung haben Sie es in der Hand, sich positiv von anderen pädagogischen Einrichtungen abzugrenzen. Verlieren Sie sich nicht im Alltagstrott, man kann jeder Zeit alles ein bisschen besser machen – dieses aber nicht mit Zwang, sondern aus Lebensfreude heraus. Machen Sie das Beste aus jeder einzelnen Situation, so wird jeder Augenblick zu einem unvergesslichen Moment. Fangen Sie an, ihre Arbeit nicht als notwendiges Muss zu erleben, sondern leben Sie ihre Arbeit und genießen Sie sie mit den Kindern und ihren Mitarbeitern zusammen in vollen Zügen. Der Phantasie sind einfach keine Grenzen gesetzt, man kann aus allem etwas Schönes auf die Beine stellen.

Insbesondere die Weihnachtszeit bietet sehr viel Raum für Sinnlichkeit und kreative Einfälle. Machen Sie es sich mit den Kindern gemütlich, backen Sie im Voraus dosenweise Weihnachtsplätzchen, stellen Sie einen Tannenbaum auf und schmücken ihn gemeinsam, basteln Sie einen tollen Adventskalender, schmücken Sie ihre Gruppe weihnachtlich, so dass man sich einfach nur wohl fühlen kann.

Setzen Sie alles in die Praxis um, was ihnen so durch den Kopf schwirrt und wovon Sie denken, dass man aus dieser Idee etwas Tolles mit den Kindern verwirklichen könnte. Schreiben Sie doch zum Beispiel gemeinsam mit den Kindern ein Buch, starten Sie einen Verschönerungsmarathon in ihrer OGS nach einem bestimmten Motto zum Beispiel Walt Disney, gestalten Sie Rätsel- und Quizrunden mit kleinen Preisen, veranstalten Sie eine Osterhasenfete, eine Valentinsparty oder einen Muttertagsnachmittag, sowie ein Sommerfest etc. Sie können einfach alles machen, wenn Sie nur wollen. Ich gebe ihnen auf diesem Weg noch einmal ganz viel Kraft, Mut, Wärme und Lebensfreude mit auf ihre Reise und wünsche ihnen, dass Sie all ihre Vorstellungen realisieren werden. Viel Glück!

Literatur

Berg, C. (1991): Kinderwelten: Frankfurt.

Blinde-Kuh-Kinderküche: Gefunden im World Wide Web. URL: http:/ blinde-kuh/kueche/rezepte-salate.html.

Deutsche Post: Letternet: Der größte Briefreunde-Club der Welt. Gefunden im World Wide Web. URL: http:/www.letternet.de/web/friends/home.

Experimente für Kinder. Gefunden im World Wide Web. URL: http:/ www.kidsweb.de/experi/experinh.htm.

Geulen, D. (1989): Kindheit, Neue Realitäten und Aspekte: Weinheim.

Harms, G./Preissing, C. (1988): Kinderalltag, Beiträge zur Analyse der Veränderung von Kindheit: Berlin.

Kinder-Garten: Gefunden im World Wide Web. URL: http:/www.gartenmax.de/kinder-garten.html.

Kinderrezepte, Familienrezepte und Breirezepte: Gefunden im World Wide Web. URL:http:/www.kinderrezepte.de.

Körner, W./Hörmann, G. (2000): Handbuch der Erziehungsberatung. Band 2. Hogrefe-Verlag: Göttingen.

Krenz, Armin (2001): Kinder spielen sich ins Leben – Der Zusammenhang von Spiel- und Schulfähigkeit: WWD, Ausgabe 75.

Lück, Helmut/Miller, Rudolf (1999): Illustrierte Geschichte der Psychologie. Psychologie. Verlagsunion.

Mietzel, Gerd (1998): Wege in die Psychologie. 9. aktualisierte Auflage. Klett-Cota: Stuttgart.

Mönks, Franz/Knoers, Alphons (1996): Lehrbuch der Entwicklungspsychologie. Reinhardt: München.

Petzold, Matthias (2000): Die Multimedia-Familie. Leske & Budrich: Opladen.

Schulministerium für Schule und Weiterbildung (2009): Offene Ganztagsschule im Primarbereich, S. 1.

Ritschka, Katja/Reiter, Christine: Wiener Bildungsserver. Die Blüte: Gefunden im World Wide Web. URL: www.lehrerweb.at.

Schmalenbach, Heinz (1994): Spielbare Witze für Kinder. Falken-Verlag: Niedernhausen/Ts.

Spanhel, D. (1991): Können unsere Kinder noch spielen?

Spanhel, D./Hotamanidis, S. (1988): Die Zukunft der Kindheit: Weinheim.

Spielen Lernen Fördern: Experimente für Kinder. Gefunden im World Wide Web. URL: http:/www.kinder-leichte-Experimente/index.html.

Spitzer, Gerhard (2010): Warum zappelt Philipp? Wie wir entspannt mit ADHS umgehen können: Carl Uebbereuter GmbH.

Zuckowski, Rudolf (1996): Singen macht Spaß. Sikorski Musikverlage: Hamburg.

Abbildungsverzeichnis

Centaurus Buchtipp

Burkhart Fischer

**Wahrnehmungs- und Blickfunktionen
bei Lernproblemen**

*Besser werden im Lesen – Rechnen –
Schreiben*

Reihe Psychologie, Band 41
2011, 140 S., 54 Abb., geb.,
ISBN 978-3-86226-043-0, € **23,80**

Wissenschaftliche Studien haben gezeigt, dass viele lernschwache Kinder Entwicklungsrückstände in ihren Wahrnehmungs- und Blickfunktionen aufweisen. Die Ursache von Legasthenie, Dyskalkulie, ADHS und anderen Lernproblemen liegt meist in Störungen des Hör- und/oder Sehsystems bei der Sinnesverarbeitung im Gehirn. Diese Entwicklungsrückstände können nach einer Diagnose durch Messung der Augenbewegungen und mit Hilfe standardisierter altersnormierter Tests der Hörverarbeitung und Simultanverfassung erkannt und durch gezieltes Training aufgeholt werden.

Dieses Buch erläutert allgemein verständlich die diagnostischen und therapeutischen Methoden und gibt viele praktische Hinweise zur Verbesserung der Lernerfolge.

Insbesondere Eltern, Pädagogen und Lerntherapeuten, aber auch Ärzte und Psychologen finden hier Informationen wie Entwicklungsrückstände durch Tests identifiziert und durch gezieltes Training schnell aufgeholt werden können.

Centaurus Buchtipps

Christine Dünser
Warum Schule nicht gelingen kann – Schüler stark machen
Die Schule neu beurteilen – eine psychosoziale Betrachtung auf der soziokulturellen Basis
des Überindividualismus.
Reihe Pädagogik, Bd. 42, 2012, ca. 350 S.,
ISBN 978-3-86226-152-9, **ca. € 23,00**

Viviane Nabi Acho
Elternarbeit mit Migrantenfamilien
Wege zur Förderung der nachhaltigen und aktiven Beteiligung von Migranteneltern an
Elternabenden und im Elternbeirat
Migration und Lebenswelten, Bd. 2, 2011, 138 S.,
ISBN 978-3-86226-039-3, **€ 17,80**

„[...] stellt eine große Hilfe für alle Lehrkräfte dar, die einen besseren Zugang zu ihren
Schüler/innen aus Migrantenfamilien erreichen wollen."
Amrei Stupperich, in: Praxis Politik, Oktober, Ausgabe 5/2011, S. 57.

Lena Sachs
Die Zusammenarbeit zwischen Bundeswehr und Bildungseinrichtungen
Eine kritische Analyse
Soziale Analysen und Interventionen, Bd. 1, 2012 100 S.,
ISBN 978-3-86226-134-5, **€ 18,80**

Beate Kolonko
Spracherwerb im Kindergarten
Grundlagen für die sprachpädagogische Arbeit von Erzieherinnen
Reihe Pädagogik, Bd. 39, 2. erg. Aufl. 2011, 180 S.,
ISBN 978-3-86226-047-8, **€ 24,80**

Tina Görner
Was für ein Theater!
Konfrontative Pädagogik und Theaterpädagogik mit gewaltbereiten Jugendlichen
Reihe Pädagogik, Bd. 40, 2011, 120 S.,
ISBN 978-3-86226-117-8, **€ 18,80**

„Dieses Buch beschreibt aus sozialarbeiterischen Perspektive bestehende und notwendige
Maßnahmen für nachhaltige Interventionen und reflektiert kritisch das klassische Anti-
Aggressivitäts-Training."
www.literatur-report.de

Katja Nowacki (Hrsg.)
Pflegekinder
Vorerfahrungen, Vermittlungsansätze und Konsequenzen
Gender and Diversity, Bd. 4, 2012, ca. 250 S.,
ISBN 978-3-86226-124-6, **€ 22,80**

Informationen und weitere Titel unter **www.centaurus-verlag.de**

MIX
Papier aus verantwortungsvollen Quellen
Paper from responsible sources
FSC® C105338

If you have any concerns about our products,
you can contact us on
ProductSafety@springernature.com

In case Publisher is established outside the EU,
the EU authorized representative is:
Springer Nature Customer Service Center GmbH
Europaplatz 3, 69115 Heidelberg, Germany

Printed by Libri Plureos GmbH
in Hamburg, Germany